解くだけでお金が増える！

世界一面白い！

とっておき

資産形成トレーニング

工藤清美 9年間で資産を8倍にした
元専業主婦

JN125351

PHP

はじめまして。ファイナンシャルプランナー（FP）の工藤清美です。本書では、あなたが金融資産を増やしていくために、今からできることをお伝えしていきます。

本書は「クイズを解きながら、解説を読み進めていくだけで、資産形成の知識が自然と身に付いてしまう」という流れになっています。私がコンサルティングでお客様に行っていることを1章から順に書いているので、順番に読み進めてみてください。

さっそくですが、本書のなかから、いくつかクイズをピックアップしてみましょう。ぜひ、あなたも一緒に考えてみてくださいね。

子どもの教育費、公立と私立でどのくらい違うの？

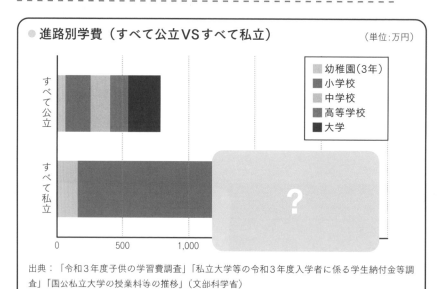

出典：「令和3年度子供の学習費調査」「私立大学等の令和3年度入学者に係る学生納付金等調査」「国公私立大学の授業料等の推移」（文部科学省）

教育費は、進路により大きく異なります。幼稚園から大学まですべて公立だった場合の学費は約820万円かかります。では、すべて私立の場合はいくらかかるのでしょうか？

①1,500万円　②1,800万円　③2,300万円

答えは22ページへ 👉

将来かかる支出をある程度把握し、資産形成をしていくことがとても大切です。それにより、どのくらいの資産を預貯金で確保し、どのくらいを運用に回せるのかがわかってきます。

また、資産運用を始める前にすべきこと、資産を見える化する方法、将来プランの立て方なども、具体的に記載しています。一歩前に進むと、次にやるべきことが見えてきます。ぜひ、少しずつ前に進んでみてください。

65歳になった時に最もお金が貯まっているのはどれ？

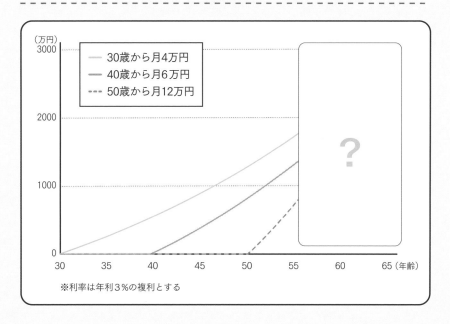

※利率は年利3％の複利とする

貯蓄ゼロから毎月一定額を積み立てながら利回り３％で運用したとします。65歳時点で最も金額が大きくなるのはどれでしょうか？

① 30歳から月４万円ずつ積み立てる
② 40歳から月６万円ずつ積み立てる
③ 50歳から月12万円ずつ積み立てる

答えは54ページへ 👉

　あなたは、いつの時点で、どのくらいの資産を作りたいですか？　あなた自身のファイナンシャル・ゴールを考えてみましょう。現役時代は、資産を積み上げていく時期です。ファイナンシャル・ゴールを達成するための毎月の積立額や必要な運用利回りを把握し、資産が積み上がる仕組みを作っていきましょう。本書を参考に、あなたの資産形成プランを見付けてみてください。

値動きの異なる4つの商品に積立投資、どれが一番増えた？

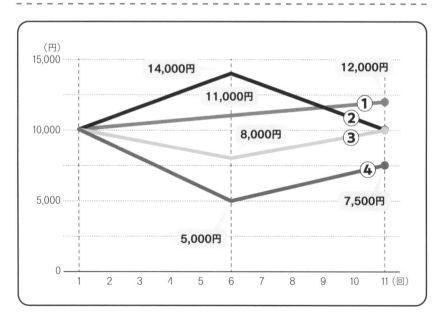

値動きの異なる4つの商品に、それぞれ毎月1万円ずつ積立投資をした場合、一番資産が増えたのはどれでしょうか?

① 値動きが1万円➡1万1,000円➡1万2,000円の商品
② 値動きが1万円➡1万4,000円➡1万円の商品
③ 値動きが1万円➡8,000円➡1万円の商品
④ 値動きが1万円➡5,000円➡7,500円の商品

答えは106ページへ ☞

「積立投資がよいらしい……」。しかし、あなたは、本当の意味で積立投資の効果を理解していますか?

相場は動きます。頭でわかっていても、本当に理解していないと、資産形成を成功させることはできません。ぜひ、本書で資産形成の原理原則を確認してみてください。そうすれば、さまざまな雑音に振り回されず、資産形成を継続することができるようになります。

▶ 家計管理術、節約術のテクニック本ではありません

女性FPというと、家計管理や節約術などのアドバイスをするイメージが多いかもしれません。しかし、私自身、細かな節約術は得意ではありません。なので、**本書は家計管理術や節約術のテクニック的な内容を期待される方には向いていません**。

私は、12年間、資産形成のコンサルティングを続けてきました。お客様の理想の人生を実現するために、資産全体を最適化し、資産を増やす仕組みを作り、資産形成をサポート。そして、人生を幸せにするためのお金の使い方までをアドバイスしています。

FPは、お金に関するさまざまなご提案をします。しかし、「アドバイ

スを受けたものの、そのまま放置され、実行に移されていない」、また
は「始めてみたけれど、中途半端で終わってしまっている」というケー
スがとても多いのが現状です。それでは、そのアドバイスにかけたお客
様自身の時間もお金も、無駄になってしまいます。

　また、資産形成は長期的に継続していくものです。ライフプランや保
有資産が変われば、最適な方法も変化します。数年前のアドバイスが、
今も最適とは限りません。

　**「どうにかして、アドバイスをきちんと実行に移していただき、お客様
自身の資産形成を成功させていただきたい」**という思いから、現在、私
は顧問FPという形で、長期的にお客様の資産形成をサポートしています。

　資産運用は、相場の影響を大きく受けます。頭ではわかっていても、
行動が伴わないケースもよくあります。さまざまな経済状況のなか、実
際にどのような対応をし、その後、資産がどう変化していったのかは、
長期的に資産推移をフォローしていかなければわかりません。私は、顧
問FPという形で、長期的にお客様の資産形成をサポートしているため、
お客様の資産を継続的に確認することができます。そして、実際、資産
を数倍にしている方をたくさん見てきました。またそれは、私のアドバ
イスが間違っていなかった、という喜びと自信につながっています。

　本書では、お客様から許可をいただき、**3つの事例を掲載しています。**
**「実際にお客様にどのようなアドバイスを行い、お客様が何をどう実行
し、現在資産がどうなっているのか」**を知ることができます。そして、
資産を最適な形で保有し、計画的に資産形成を行うことの大切さも、ご
理解いただけると思います。

▶ ダメダメ主婦からFPに

　私自身、FPになる前は、ダメダメの主婦でした。子どもの教育にはお金をかけ放題。家計簿はつけたことはなく、お金の管理も適当。支払いが重なる3～4月には、「どこからお金を工面しようか？」と頭を悩ます日々でした。資産運用にも興味はありましたが、当時は個別株や2倍のレバレッジの利いた投資信託（商品価格が実際の市場価格の2倍の動きをする商品）を購入し、短期売買を繰り返していました。一生懸命相場を予測して売買しても、勝つこともあれば負けることもあり、結局はトントン……。当たり前ですが、これでは資産は増えません。

　「これではいけない！」とFP資格を取り、大学院にも通い、ファイナンスを一から勉強し直しました。今はもう、当たるか外れるかの資産運用はやめました。将来の目標額を設定し、逆算して積立額を決定。自動的に資産が積み上がる仕組みを作り、資産形成を行っています。おかげ様で、現在はお金の不安のない日々を過ごすことができています。

　お金の不安がなくなると、より前向きに、やりたいことに挑戦できるようになります。

　人生は一度きりです。あなたの理想とする人生を実現するために、本書をお役立ていただければ幸いです。

株式会社エフピーブラッサム　代表取締役
工藤清美

3つのステップで

本書は向かって右のページに問題、ページを
めくった左ページのタイトルが答えになって
いて、その後に続く文章が、問題に関する解
説となっています。まずは問題をじっくり考
えて、そののちに解説を読むようにしてくだ
さい。さらに章の最後には「復習問題」を付
けています。その章で解説した重要なポイン
トをしっかり思い出してください。

2 解説ページ

マイナー通貨への投資は要注意。トルコリラはこの20年で9割
以上下落しています。

▶マイナー通貨には投資しない！

　通貨は、米ドルやユーロ、円など、世界での流通量、取引量の多いメ
ジャー通貨とそれ以外のマイナー通貨に分かれます。金融商品として使
われるマイナー通貨には、トルコリラや南アフリカランドなどがあります。
マイナー通貨は金利が高い場合も多く、高金利を利用した、トルコリラ
建て債券、南アランド建て債券など、さまざまな金融商品があります。

［外国債券・外貨建て債券］
外国債券は債券の発行体、発行市場、通貨いずれかが外国であるもの。外
貨建て債券は外国債券のうち外貨建てのもの。

　しかし、結論からいうと、これらマイナー通貨を利用した金融商品は
お勧めしません。なぜなら、為替の動きがとても大きく、予測が不可能
だからです。

　次ページのグラフは、トルコリラの過去20年間の対円為替レートです。
トルコリラは、2007年10月の99円をピークに大きく下落し、2023
年1月時点では7円前後です［99円→7円！］。この価値は9割以上下
落していることになります。これほどまでに暴落してしまうと、多少金
利が高くても到底カバーできません。

　南アフリカランドも同様で、トルコリラほどではありませんが、直
近20年では、2006年1月の最高値から6割以上下落しています。

144

1 問題ページ

09

25年間で資産を2倍にするには利回りは何%必要？

2章 運用知識編①

（単位：万円）

利回りは
何%？

運用益

積立額

2倍

現在40歳のXさんは、毎月3万円の積立投資を65歳まで25年間続ける
予定です。積立総額は900万円です。この資産を2倍にするには、利回
りは何%必要でしょうか？ ①〜③から正しいものを選んでみましょう。

① 利回り3%必要
② 利回り5%必要
③ 利回り7%必要

答えは次のページへ

57

- **問題**
  まずは問い
  を考えてみ
  ましょう！

- **関連図**
  上の問題を考
  える時に参照
  してください。

- **選択肢**
  正解を選んで
  ください。

- **答え**
  前のページで示さ
  れた選択肢のなか
  で、正解を示します。

- **Point**
  本文中に出てくる
  重要語を解説して
  います。

金融リテラシーが高まる！

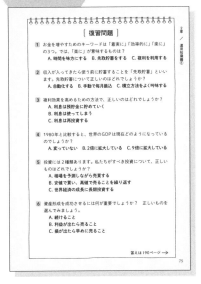

3 復習問題

章で解説した内容から、問題を出しています。しっかりおさらいしましょう！

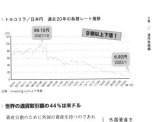

世界の通貨取引額の44%は米ドル

資産分散のために外国の資産を持つのであれば、まずは世界の基軸通貨である米ドルの資産を持ちましょう。世界通貨の取引額の約44%は米ドルです。次にユーロ（約15%）、そして、3位が日本円（約8%）です（国際通貨研レポート2022年10月）。この3つの通貨で7割弱を占めています。日本人である私たちが円以外の外国の資産を持つのであれば、まずは、ドルの資産を持つことです。そして、余裕があればユーロの資産を持つというスタンスでよいでしょう。

・まとめ
項目で最も大切なポイントをまとめています。

まとめ
- ✔ マイナー通貨は金利は高いが、政治的・経済的に不安定な国の通貨が多く、為替の変動も大きい
- ✔ 世界の通貨取引額のうち44%は米ドル
- ✔ 外国の資産を持つなら、まずは米ドルの資産を持つこと

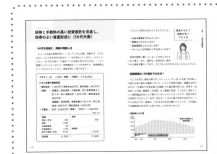

【Case Study】
著者が実際にコンサルタントを行った資産形成の実例を紹介しています。本文で紹介した内容を具体的に活用するために役立ちます。

CONTENTS 🐷

1章 家計編

2章 運用知識編①

3章 運用知識編②

4章　運用実践編

CaseStudy

COLUMN

＊本書で掲載した諸データは2023年3月時点のものです。

＊諸データの数字については、読みやすさを考慮し、文脈により小数点第1位、第2位を適宜四捨五入しています。

1章

家計編

この章では、家計管理の方法やライフプランの考え方について確認していきます。まずは、資産運用をする前に、ご自身の家計について確認してみましょう。

40代世帯は手取り収入から
どのくらい貯蓄しているの？

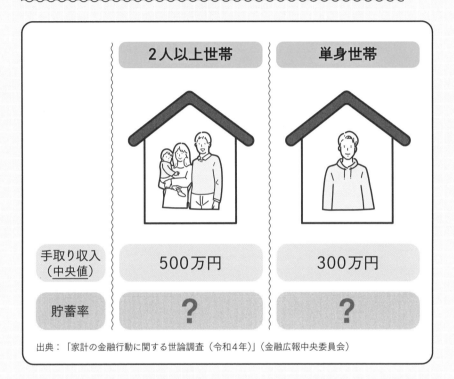

	2人以上世帯	単身世帯
手取り収入（中央値）	500万円	300万円
貯蓄率	?	?

出典：「家計の金融行動に関する世論調査（令和4年）」（金融広報中央委員会）

収入からどのくらいを貯蓄できるのか？　これは資産形成にとても大きく影響します。では、40代世帯は手取り収入から何％を貯蓄しているのでしょうか？　①〜③から正しいものを選んでみましょう。

① 2人以上世帯の貯蓄率は5％

② 2人以上世帯の貯蓄率は12％

③ 単身世帯の貯蓄率は12％

答えは次のページへ 👉

② 40代2人以上世帯の貯蓄率は12%

40代世代は、手取り収入から平均12%を貯蓄しています。毎月5万円を貯蓄している計算になります。

　資産とは何でしょうか？　本書では、預貯金や株式、債券、投資信託などの有価証券、保険、不動産など、すべてを含めたものを資産とします。「現金化できる価値のあるもの」と考えてください。

　資産は、「金融資産」と「非金融資産」に分かれます。**本書では、あなたの金融資産を増やしていくために、今からすぐできることをお伝えしていきます。**

▶40代2人以上世帯は毎月5万円貯めている

　お金を貯めるにはどうしたらいいのでしょうか？　それは、収入よりも支出を少なくすればいいのです。しかし、この当たり前のことを実行するのがなかなか難しい。「言うは易し行うは難し」という諺の通りです。まずは、各世代の貯蓄率を見てみましょう。

● 世代別手取り収入と貯蓄額（2人以上世帯）　　　　（単位：万円）

	手取り収入（中央値）	貯蓄率	1年間の貯蓄額	1カ月の貯蓄額
20代	400	16%	64	5.3
30代	500	14%	70	5.8
40代	**500**	**12%**	**60**	**5.0**
50代	600	13%	78	6.5
60代	425	11%	47	3.9
全体	495	11%	54	4.5

出典：「家計の金融行動に関する世論調査（令和4年）」（金融広報中央委員会）より作成

　年代別の手取り収入と貯蓄率、そこから計算した1年間、1カ月の貯蓄額を左ページの表にしました。40代2人以上世帯の貯蓄率は12%。毎月の貯蓄額は月5万円です。一方、単身世帯の貯蓄率は16%。毎月の貯蓄額は月4万円です。ただ、まったく貯蓄していない人の割合を見ると、40代2人以上世帯で22%。働き盛りの世代でも4.5人に1人が貯蓄をしていないことになります。

Point

[平均値と中央値]
平均値はデータの合計をデータの個数で割った値。平均値は極端に大きい（小さい）値があると、その影響を受けやすい。一方、中央値はデータを大きい（小さい）順に並べた時に真ん中になる値。

▶「貯蓄を増やす」というプラス面を意識する

　お金を貯めるには、自分自身の「お金の流れを知る」ことが大切です。お金の流れとは、「どのくらい入ってきて、どのくらい使っているのか。そして、どのくらい貯められるのか」ということ。

　まずは、毎月いくら貯蓄できるのかを確認してみましょう。

　細かく家計簿をつける必要はありません。「何にいくら使ったのか」という細かい項目よりも、お金の全体の流れを把握することを意識してみてください。そして、**「支出を減らそう」ではなく、「貯蓄を増やそう」というプラス面に注目し、家計を管理するのがポイント！**

　そうすれば節約も楽しくなります。

　1カ月あたりのお金の流れ（収入、支出、貯蓄額）を確認したら、**次に1年ご**

貯蓄を増やすというプラス面に注目！

15

とのお金の流れを確認しましょう。1 ～ 12 月までの貯蓄額の合計が、年間の貯蓄額になります。また、前年の 1 月時点での資産額と今年の 1 月時点での資産額を比較することで、年間の貯蓄額を確認することもできます。あなたは、この 1 年間でいくら資産を増やすことができましたか？

▶ 1 年間の資産の増加額から将来の資産を予測する

1 年間でいくらの資産が増えたのか？　これがズバリあなたの資産形成を大きく左右します。そして、**1 年間の資産の増加額がわかれば、あなたの資産が今後どのように増えていくのかを予測できるようになります。**

現在 40 歳で、リタイアまであと 25 年ある人の例で見てみましょう。

毎月の貯蓄額 5 万円	1 年間の貯蓄額 5 万円 × 12 カ月 = 60 万円	65 歳時点の貯蓄額 60 万円 × 25 年 = 1,500 万円

毎月 5 万円貯蓄すれば、リタイアまでに 1,500 万円の資産を持つことができます（ここでは運用は考慮していません）。

もちろん、この先さまざまなライフイベントが起こるので、こんなに単純ではないでしょう。ただ、このように**お金の流れを「見える化」できれば、資産を増やしていく方法も見えてきます。**まずは、1 カ月ごと、1 年ごとのお金の流れを確認することから始めていきましょう。

まとめ

✔「貯蓄を増やそう」というプラス面に注目して家計を管理
✔ 1 カ月あたりのお金の流れを確認する
✔ 1 年あたりのお金の流れを確認する
✔ 将来自分の資産がどのように増えていくのかを予測してみる

Question 02
40代世帯の資産状況は？
資産と負債はいくらあるの？

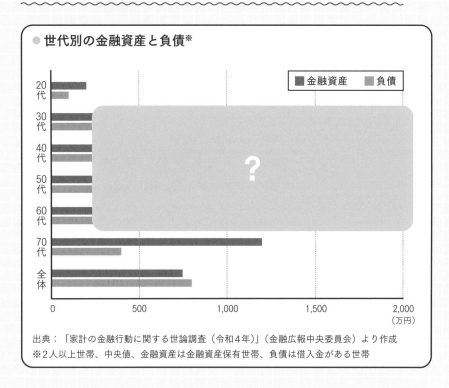

● 世代別の金融資産と負債※

■ 金融資産　■ 負債

出典：「家計の金融行動に関する世論調査（令和4年）」（金融広報中央委員会）より作成
※2人以上世帯、中央値、金融資産は金融資産保有世帯、負債は借入金がある世帯

全世代（2人以上世帯）で見ると、金融資産は750万円、負債は800万円です。では、40代世代の金融資産と負債はどのような状態でしょうか？　①〜③から正しいものを選んでみましょう。

① 金融資産は400万円、負債は1,950万円で債務超過

② 金融資産は1,400万円、負債は400万円で資産超過

③ 金融資産は500万円、負債は1,500万円で債務超過

答えは次のページへ☞

③ 40代は1000万円の債務超過です

40代（2人以上世帯）の金融資産は500万円、負債は1,500万円（ともに中央値）であり、1000万円の債務超過となっています。

▶ 住宅ローンを組むと債務超過が50代まで続く

一般的に、年齢を重ねるにつれて、金融資産は増えていきます。しかし、現役世代は住宅ローンなどの負債を多く抱えているケースもあります。

グラフからもわかるように、住宅ローンなどを組むと、50代まで金融資産よりも負債が多い債務超過が続きます。そして、60代でやっと金融資産が負債を上回る状態になります。

● 世代別の金融資産と負債

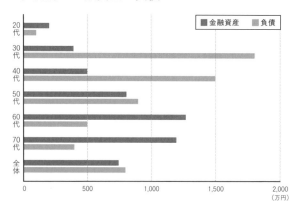

出典：「家計の金融行動に関する世論調査（令和4年）」
（金融広報中央委員会）より作成

現役世代は、負債を返済しながら、かつ将来の資産形成もしていかなければなりません。大変ですよね。そして、60代が一番お金持ち、これが日本の個人金融資産の現状です。

▶ 資産をすべて書き出してみよう

さて、あなたは、自分の資産がいくらあるのか、把握していますか？**今保有している資産を一度全部書き出してみましょう。資産を見える化**

することで、管理がしやすくなります。

預貯金は、銀行の預金残高を確認してみてください。株式や債券、投資信託などの有価証券は時価をチェックし、今いくらになっているのかを確認しましょう。インターネットで確認する場合は、現時点の評価額を確認します。インターネットで確認できない方は、証券会社から送られてくる資産残高表で確認するか、電話で問い合わせてみましょう。

現時点での
資産を
見える化
しましょう！

終身保険や個人年金保険など積立型の保険を保有している場合は、現時点の解約返戻金を確認してみましょう。それが保険の現在価値になります。設計書に記載されている場合が多く、保険会社の契約者サイトでも確認できます。わからなければ、コールセンターに問い合わせてみましょう。

> **Point**
>
> ［解約返戻金］
> 生命保険などで、契約途中で解約した時に保険契約者に対して払い戻されるお金のこと。

自宅などの不動産を保有している場合は、10年に一度は査定に出してみましょう。今はネットで気軽に査定を依頼することができます。持ち家の方は、不動産が資産の大半を占めているケースが多く見られます。その場合、将来の不動産価値がどうなるのかによって、資産額が大きく変化します。

各資産額が把握できたら、ぜひ、資産一覧表を作成してみてください。一覧表は、全資産が把握できるようなものであれば、どんな形でも大丈夫。一度作ってしまえば、あとは年に1回、資産額を見直すだけ。そし

て、昨年と比べて資産がいくら増えたのか、またはいくら減ってしまったのかを確認しましょう。そうすれば、この先の資産形成の参考になります。右の「資産一覧表サンプル」を参考に、作成してみてください。

● 資産一覧表サンプル　　　　（単位:万円）

			2022/12	2021/12	2020/12
預貯金	普通預金	M銀行	165	136	150
	定期預金	R銀行	200	200	200
国内株式	個別株	N証券	15	20	18
先進国株式	B投信	S証券	485	418	380
終身保険	A終身	X保険	500	490	480
金融資産 合計			1,365	1,264	1,228
自宅			3,000	3,000	3,000
不動産 合計			3,000	3,000	3,000
資産 合計			4,365	4,264	4,228

　私はお客様の資産形成のコンサルティングをする時には、資産一覧表を基に、今までの資産推移とこれからの予測を、お客様と一緒に確認していきます。そして、お客様のやりたいことを実現するために、どのような改善点があるのかを、定期的にチェックしていきます。過去、現在、未来のお金の動きを見える化できれば、将来に対するお金の不安もなくなるはずです。

▶ **資産と負債のバランスを確認しよう**

　住宅ローンなどの負債がある場合は、**資産と負債のバランスを把握することも大切**です。銀行から送られてくる明細書を基に、年に一度は残債を確認してみてくださいね。

まとめ

✔ 現役世代は債務超過の可能性も

✔ すべての資産を資産一覧表に書き出してみよう

✔ 資産一覧表を年に一度はチェックし、前年と比較してみよう

✔ 負債がある場合は年に一度、残債も確認しよう

Question 03
子どもの教育費、公立と私立で どのくらい違うの？

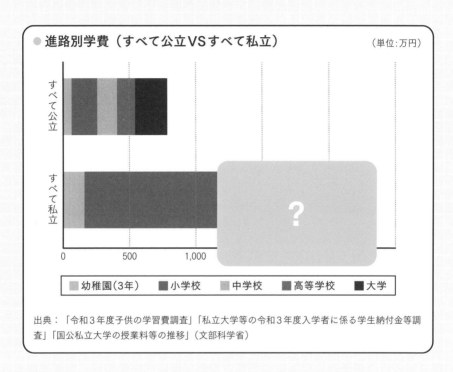

● 進路別学費（すべて公立VSすべて私立） （単位:万円）

すべて公立

すべて私立

0　　　500　　　1,000

■ 幼稚園（3年）　■ 小学校　■ 中学校　■ 高等学校　■ 大学

出典：「令和3年度子供の学習費調査」「私立大学等の令和3年度入学者に係る学生納付金等調査」「国公私立大学の授業料等の推移」（文部科学省）

幼稚園から大学まですべて公立だった場合の学費は、約820万円かかります。では、すべて私立の場合はいくらかかるのでしょうか？　①～③から正しいものを選んでみましょう。

① 1,500万円
② 1,800万円
③ 2,300万円

答えは次のページへ☞

③ 2,300万円

幼稚園から大学まですべて私立だった場合の学費は約2,300万円です。すべて公立の場合の約3倍かかることになります。

▶ 全公立と全私立で学費は3倍の差

　子どもの教育費は進路によって大きく異なります。下の表は進路別の学費です。子どもの希望する進路に合わせて、将来かかる学費を予測してみましょう。

● 幼稚園～大学までの学費、公立、私立別　　　　　　　　　（単位：万円）

	幼稚園/3年間	小学校/6年間	中学校/3年間	高校/3年間	大学/4年間	計
公立	47	211	162	154	243	817
私立	92	1000	430	316	469	2307

出典：「令和3年度子供の学習費調査」「私立大学等の令和3年度入学者に係る学生納付金等調査」「国公私立大学の授業料等の推移」（文部科学省）
※幼～高：学校教育費、学校給食費、学外活動費　※大学：入学費、授業料、施設費、実験実習費
※私立大学4年間の学費は「入学料＋（授業料＋施設設備費）×4」で算出
※公立大学4年間の学費は国立大の「入学料＋授業料×4」で算出

　次に、大学費用だけを進路別に見てみましょう。国公立の場合は4年間で243万円、私立文系は408万円、私立理系は551万円、そして私立医歯系は6年間でなんと2,396万円になります。

大学で
1人暮らしは
費用が増大
します。

　また、大学費用は自宅通学か1人暮らしをするかで、かかる費用は大きく異なります。学生への仕送り平均額は月額7.2万円（第57回学生生活実態調査）。家賃だけでなく、地域によっては車やバイクが必要なケースもあります。

「自宅通学＋私大」よりも「1人暮らし＋国公立」のほうが費用がかかると考えたほうがよいでしょう。

　最近では幼児教育の無償化、児童手当の充実、高等教育の修学支援制度など、子どもに対する支援は少しずつ増えてきています。一方で、私立大学の学費は年々上昇を続け、20年前に比べて4年間で約50万円上昇しています。今後も学費は上昇すると考えておいたほうがよいでしょう。

▶ 教育費は予測できるお金

　ところで、「人生の3大支出」とは何か、ご存じでしょうか？　それは教育費・住居費・老後のお金です。**人生の3大支出は、どこかにお金をかけすぎると、どこかが足りなくなってしまう可能性があります。**ライフプラン、そして、資産形成を考えるうえでは、この3大支出をどうコントロールしていくのかが、とても重要になります。

　3大支出にはそれぞれ特徴があります。
- 教育費＝予測できるお金
- 住居費＝選べるお金
- 老後のお金＝予測できないお金

　そう、教育費はある程度予測できるお金なのです。教育費に関する情報は、インターネット上にもあふれています。それらを参考に、いつの時点でどのくらいお金がかかるのかを予測してみましょう。進路については子どもともよく話し合い、決めていってくださいね。

▶ 今後10年間の大きな支出を把握する

　資産形成を成功させるには、将来の大きな支出を把握することが大切です。子どもの教育費に限らず、引っ越し、転職、留学、車の買い替え

など、普段の支出以外の大きな支出はいろいろとあります。「この先どんなことを実現したいのか？」という前向きな視点で、大きな支出の時期、金額などを書き出してみるとよいでしょう。

● ライフイベント表　（金額単位：万円）

	西暦	世帯主	配偶者	長女	長男	年収世帯主	配偶者年収	生活費基本	ライフイベント 長女	長男	家庭
現在 ▶	2023	45	43	10	8	600	160	400			
	2024	46	44	11	9	600	160	400			
	2025	47	45	12	10	600	160	400	公立中学 20		家族旅行 20
	2026	48	46	13	11	600	160	400			
	2027	49	47	14	12	600	160	400		私立中学 100	
5年後 ▶	2028	50	48	15	13	650	160	400	私立高校 50		家族旅行 100
	2029	51	49	16	14	650	160	400			
	2030	52	50	17	15	650	160	400		私立高校 50	
	2031	53	51	18	16	650	160	400	私立大学 200		
	2032	54	52	19	17	650	160	400	100		
10年後 ▶	2033	55	53	20	18	650	160	400	100	私立大学 200	
	2034	56	54	21	19	600	160	400	100	100	
	2035	57	55	22	20	600	160	400		100	
	2036	58	56	23	21	600	160	360		100	
	2037	59	57	24	22	600	160	360			リフォーム 100？
15年後 ▶	2038	60	58	25	23	300	160	320			
	2039	61	59	26	24	300	160	320			
	2040	62	60	27	25	300	0	320			
	2041	63	61	28	26	300	0	320			
	2042	64	62	29	27	300	0	320			
20年後 ▶	2043	65	63	30	28	300	0	320			

左の表を参考に、「ライフイベント表」を作成してみましょう。支出に関しては、この先10年間の見通しが記入できればOKです。あとはザックリとどのようなライフイベントがあるのか、どんなことを実現したいのかを書き出してみましょう。この先10年の間に大きな支出がいつ頃くるのか？　それがある程度わかれば、資産形成プランがより具体的に見えてきます。

※数字はサンプルです。ご自身の数字を当てはめてみましょう。

まとめ

✔ 人生の3大支出（教育費・住居費・老後のお金）はバランスが大事
✔ 教育費は予測できるお金
✔ この先10年間の大きな支出の時期と金額を確認してみよう
✔ 「この先どんなことを実現したいのか」という前向きな視点が大事

Question 04
みんなは住宅ローン、どのくらい借りてるの？

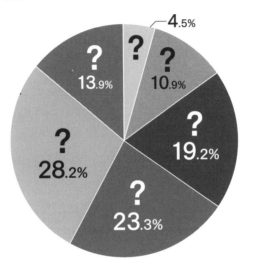

世帯月収に対する住宅ローン返済比率（総返済負担率）

4.5%
10.9%
13.9%
19.2%
28.2%
23.3%

出典：「2021年度 フラット35利用者調査」（住宅金融支援機構）より作成
※総返済負担率＝月額の予定返済額／世帯月収　※世帯月収＝世帯年収÷12

住宅金融支援機構の全国平均データ（2021年）によると、年収600万円世帯の平均的な住宅取得価格は約3,745万円。では、世帯月収に対するローン返済比率は平均何％か、①〜③から選んでみましょう。

① **16.1%**

② **22.7%**

③ **24.1%**

答えは次のページへ 👉

② 対世帯月収のローン返済比率は22.7％

1カ月当たりのローン返済額は全国平均で10.6万円、世帯月収に対する比率は22.7％です。

▶ 住宅ローン返済比率は20％以内が理想

住宅金融機構が発表している住宅購入価格を見てみましょう。

● 住宅購入価格

(単位:万円)

	平均	土地付注文住宅	建売住宅	マンション	中古戸建	中古マンション
全国	3,745	4,456	3,605	4,529	2,614	3,026
首都圏	4,113	5,133	4,133	4,913	3,152	3,295
近畿圏	3,759	4,659	3,578	4,478	2,434	2,654
東海圏	3,438	4,379	3,139	4,262	2,252	2,208
その他地域	3,406	3,980	2,905	3,865	2,104	2,601

出典：「2021年度フラット35利用者調査」（住宅金融支援機構）より作成

新築の場合では3,000～4,000万円台という感じです。一方、東京23区新築分譲マンションの平均販売価格は8,236万円（2022年）！
簡単に購入できない価格にまで上昇してきています。

世帯月収に対する住宅ローン返済比率は、全国平均で22.7％。しかし、物件価格の高い東京都では、24.1％となっています。

　　額面収入に対する住宅ローン返済比率は20％以内に抑えるのが理想です。例えば、月収50万円の場合だとローン返済額は10万円。それでも、手取り収入に対する負担率は25％にも及びます。

　ただ、実際は下記のように、住宅ローン返済比率25〜30％の世帯が最も多いというのが現状です。

● 世帯月収に対する住宅ローン返済比率（総返済負担率）、全国平均

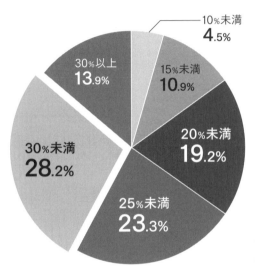

10%未満 **4**.5%

15%未満 **10**.9%

20%未満 **19**.2%

25%未満 **23**.3%

30%未満 **28**.2%

30%以上 **13**.9%

出典：「2021年度フラット35利用者調査」（住宅金融支援機構）より作成

▶ローン返済額は教育費が一番かかる時期を基準に決める

　多くの場合、まだ教育費があまりかからない、子どもが小さなうちに住宅購入を検討します。その時、家計ギリギリまで住宅ローンを組んでしまうと、子どもの教育費が一番かかる時期に、家計が逼迫する可能性があります。

幸せになるために住宅を購入するのに、その支払いのために生活が苦しくなってしまうのは本末転倒です。

　人生3大支出（教育費・住居費・老後のお金）は、バランスが大切です。そして、**住居費は自分で選べるお金です。そう、決定権はあなたにあります。**

　住宅ローンは、一度組んだら完済するまでずっと支払っていかなければなりません。22ページの教育費のデータなどを参考に、**住宅ローンは子どもの教育費が一番かかる時期を基準にし、無理のない範囲で決めるようにしましょう。**

● 住宅ローンが月10万円の場合

子どもの 進学先	教育費 （月額）	住宅ローン	教育費＋ 住宅ローン
公立幼稚園	1.3万円	10万円	**月額11.3万円** の負担
私立大学	9.8万円	10万円	**月額19.8万円** の負担

※教育費（月額）＝年間にかかる教育費÷12

　また、フルタイム勤務の共働き世帯で、2人の収入を合算して、借入上限額まで借りるのも要注意です。この先ずっと、2人ともフルタイムで働き続けられるかどうかはわかりません。ローン負担が重ければ、将来、夫婦どちらかが休職をしたい、または時短勤務をしたいと思ってもできなくなる可能性があります。ローン金額は、ぜひ余裕をもたせて検討してくださいね。

▶ 購入VS賃貸は価値観で決まる

「購入と賃貸はどちらがお得でしょうか？」

こんな議論をよく耳にします。じつは、この議論はあまり意味がありません。なぜなら、将来の物件価格、賃料、金利などの推移、そして何歳までの比較なのか、などの項目の設定方法により、その結果はまったく異なるからです。

では、何を基準に考えればよいのでしょうか？　それは、あなたの価値観です。お金の損得ではなく、**「生活や住まいにおいて何を大切にしていきたいのか」**という、**あなた自身の価値観がとても重要**なのです。

- 会社の近くの便利なところに住みたい
- 緑が多い静かな良い環境のところに住みたい
- 子どもがのびのびできるような家に住みたい

………

などなど、家を選ぶ基準はそれぞれ異なります。理想の住まいを具体的にイメージし、住まいを選ぶ基準を整理してみましょう。そして、**そのなかから優先順位を決め、優先度の高いものをまず実現できるような住まい探しをしてください。**
ぜひ、家族で話し合ってみましょう。

ただ、適切な判断をするためにも、購入と賃貸のメリット、デメリットを知ることは大切です。以下を参考に、あなたの住まいに対する価値観を固めていってください。

購入のメリット	賃貸のメリット
生涯の住まいを確保できる	いつでも転居できる
希望の住まいを得やすい	状況により住居費をコントロールできる
資産になる	大きな借金を抱えない
ローン完済後の住居費が軽くなる	住宅資金（頭金）を他で運用することが可能
<u>団信や住宅ローン減税</u>などを受けられる	<u>小規模宅地等の特例</u>を使った相続税対策を利用できる可能性も

［団信］
団体信用生命保険の略語。住宅ローン契約者に万が一のこと（死亡や高度障害など）があった場合には、ローン残高がゼロになる保険のこと。

［住宅ローン減税］
年末の住宅ローン残高に対し一定割合を所得税から控除してくれる制度。2025年までは年末ローン残高に対して0.7%を最大13年間、税額控除。節税効果がとても大きい制度。

［小規模宅地等の特例］
相続時に対象となる土地の評価額が最大80%減額される制度。節税効果がとても大きい制度。

まとめ

✔ 額面収入に対する住宅ローン返済比率は20％以内が理想

✔ 住居費は選べるお金。決定権はあなたにある

✔ ローン返済額は子どもの教育費が一番かかる時期を基準に考えよう

✔ 購入vs賃貸、お金の損得議論は意味がない

✔ 住まいの選択は、あなたの価値観を大切に

Question 05
リタイア後の収支、1カ月あたりの赤字額はいくら？

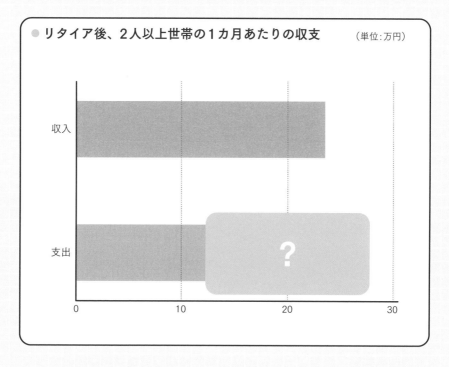

● リタイア後、2人以上世帯の1カ月あたりの収支　　（単位:万円）

収入

支出

リタイア後は年金だけでは足りない世帯がほとんどで、一般的に資産を取り崩しながら生活をしていくことになります。では、毎月いくら取り崩しているのでしょうか？　①〜③から選んでみましょう。

① 毎月6万円

② 毎月4万円

③ 毎月2万円

答えは次のページへ ☞

③ 毎月2万円を取り崩している

総務省の調査では、リタイア後の2人以上世帯の平均的な収入は月23.7万円。支出は25.5万円で約2万円の赤字です。

▶ **100歳までの必要額、質素な生活なら2人で約800万円**

「老後のお金が心配……」。こんな言葉をよく耳にします。人は、わからないことに対して不安を感じやすいものです。

ここでは、わかりにくい老後のお金について、まずは平均値を把握し、その後、自分のケースに落とし込み、具体的に見ていきましょう。

　リタイア世代は、現役時代に積み上げてきた資産を、少しずつ取り崩しながら生活していくのが一般的です。2021年の**リタイア後の2人以上世帯の収入は23.7万円、支出は25.5万円で、収支は1.8万円の赤字です。**単身世帯は、収入が13.5万円、支出が14.5万円なので、1万円の赤字です。

　これを基に、65歳でリタイアし、100歳までの必要額を計算すると、毎月の収支がマイナス1.8万円の場合

　　1.8万円 × 12 ×（100歳 − 65歳）＝ 756万円

リタイア後の2人以上世帯が100歳までに必要な金額は、約800万円という計算になります。単身世帯ではその約半分の420万円です。

　ただ、この数字は2021年のものなので、コロナ禍に外出もせず、質素に生活した時の収支です。「リタイア後は自由な時間を使って生活を

楽しみたい」というのであれば、費用はもっとかかります。生命保険文化センターの調査によると、ゆとりある生活に必要な費用は月37.9万円（2022年度）。**収入を月23.7万円とし、ゆとりある生活を100歳まで続けたとすると、約6,000万円が必要です。**

また、リタイア世帯の持ち家率は8割を超えています。大部分の人は家賃を支払っていないため、総務省の調査では、住居費はたったの1.7万円しか計上されていません。もしも、将来あなたが賃貸暮らしを希望する場合は、家賃分を上乗せする必要があります。家賃が10万円の場合は、35年間で4,200万円が必要です。

● **リタイア世代の収支と100歳までの必要額**

	世帯	収入（月額）	支出（月額）	収支（月額）	100歳までの必要額
質素な生活	夫婦	23.7万円	25.5万円	▲1.8万円	756万円
	単身	13.5万円	14.5万円	▲1.0万円	420万円
ゆとりある生活	夫婦	23.7万円	37.9万円	▲14.2万円	5,964万円

出典：「家計調査報告（家計収支編）2021年」（総務省）、「2022年度生活保障に関する調査（速報版）」（生命保険文化センター）

▶「ねんきんネット」で自分の年金額を確認しよう

では、あなた自身の将来の必要額を予測してみましょう。

それには、まずあなたの将来の年金額を把握する必要があります。

「ねんきんネット」をご存じですか？ ねんきんネットには、私たち1人ひとりのアカウントがあります。そこにログインすれば、今まで支払ってきた年金保険料を確認したり、将来受け取る年金額のシミュレーションをしたりすることができます。初めてねんきんネットを利用する際には、新規登録が必要です。マイナポータル（政府が運営するオンライン

サービス）を利用している方は、そこからログインが可能です。利用していない方は、以下の方法で登録してみてください。

ねんきんネットへの新規登録で必要なもの
- 年金定期便に記載されているアクセスキー
- 基礎年金番号

※アクセスキーは年金定期便が届いてから3カ月を過ぎると無効になります

　これらを用意し、ねんきんネットにアクセスして必要事項を入力。ユーザーIDとパスワードを取得すれば登録完了です。ぜひ、自分自身の年金額を確認してみましょう。

▶ リタイア後の生活を具体的にイメージしてみる

　次にリタイア後の支出額を予測してみましょう。リタイア後にどのような生活をしたいのかを具体的にイメージし、そのためにはどのくらいお金が必要かを考えてみましょう。前ページの表の収支はあくまで平均値です。あなた自身の収支を把握することが大切です。

　リタイア後の必要額
　＝（年金月額－支出月額）×12×（100歳－リタイアする歳）

　これで、将来の必要額がわかりましたね。では、この必要額をどうやって作っていくのか、次章以降で考えていきましょう。

まとめ
- ✔ ねんきんネットで自分の年金額を把握する
- ✔ リタイア後の生活を具体的にイメージし支出額を推計する
- ✔ リタイア後の必要額
　　＝（年金月額－支出月額）×12×（100歳－リタイアする歳）

親へのサポートと資産形成を両立 (30代会社員)

▶ この先30年間の予算計画を立てたい

「この先30年間の予算計画を立てたい」との思いから、ご相談にいらっしゃったAさん。「どのくらい使ってよいのか、どのくらい貯めればいいのかを明確にしたい」とのことでした。まずは、当時のAさんの資産状況から見ていきましょう。

プロフィール ・30代、独身 ・会社員

Aさんの資産状況

- 預貯金……1,600万円
- 保険………死亡保険（死亡保険金300万円／解約返戻金170万円）、養老保険（死亡保険金500万円・満期金100万円／解約返戻金90万円）
- 不動産……地方土地（10年間売出中）：概算100万円

(単位：万円)

資産		負債	
現金・貯金	1,600		0
保険	260		
国内不動産（地方土地）	100		
		純資産	
			1,960
総資産	1,960		1,960

初回面談時に、Aさんからは次のような希望がありました。

- 将来困ることなく暮らすには、今、どのくらい使っていいのか？
- 母親のサポートもしたいが、どのくらいできるのか？
- 今持っている保険は必要なのか？

資産の状況を
まずは「見える化」
してみましょう

　資産はほとんど預貯金で保有。とくに計画的に貯蓄を行っているわけでもなく、なんとなく預貯金が貯まっていっている状態です。独身なので、自分のお金は自由に使えます。ただ、将来に対して漠然とした不安をお持ちでした。この不安を取り除きたいというのが、ご相談に来られた一番の理由です。

▶ 今のままでは90歳時点で資金ショート！

　まず、**将来の不安を取り除くには、将来を見える化することが大切で**す。Aさんの場合は、今の支出を維持し続けた場合に資産がどうなるのかを確認するため、資産推移表（キャッシュフロー表〈CF表〉）を作成しました。その結果は……？

　現役の間は、現状のままでも年間で150万円のプラスになります。しかし、都心に賃貸で暮らしているため、リタイア後は毎年大きな赤字となり、90歳時点で資産が不足してしまうことがわかりました。

Point

［キャッシュフロー表（CF表）］
収支や保有資産、今後のライフプランなどを基に、将来の1年ごとのお金の動きを表で表したもの。

そこで、資産運用を含め、いろいろと対策を行ったらどうなるのかを試算してみると、リタイア後も資産は減ることなく、推移する可能性があることがわかりました（インフレ率1％、運用益3％を考慮）。

では、具体的にどのような対策を実施したのかを見てみましょう。

● 対策前のCF表

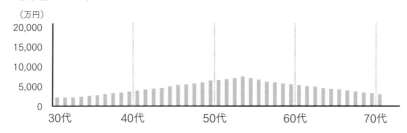

● 対策後のCF表

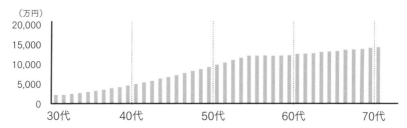

▶ 死亡保険は解約、生活費1年分を残して運用開始

独身の方で葬儀費用程度の預貯金を残せるのであれば、死亡保険は必要ありません。そこでAさんは、毎年22万円の保険料（48歳から保険料が2倍になる商品）を支払っていた死亡保険を解約。養老保険は満期が近かったので満期を待ち、満期金を将来のための資産運用に繰り入れることにしました。

預貯金1,600万円に関しては、3つのサイフの考え方（130ページ参照）から生活費1年分の500万円程度の預貯金を確保し、それ以外は運用す

ることにしました。

　そして、Aさんは、外国株式、外国債券、日本株式などに投資をする投資信託を利用し、分散投資をすることにしました。商品も<u>パッシブファンド</u>を選択し、運用コストをできるだけ抑えた積立投資をスタート。つみたて<u>NISA</u>や<u>iDeCo</u>口座も開設し、非課税枠もフル活用しています。

[パッシブファンド（インデックスファンド）]
市場全体を表す指数（インデックス）に価格が連動するように作られた投資信託のこと（詳細は152ページ参照）。

[NISA（少額投資非課税制度）]
株式や投資信託などに少額から投資でき、運用益が非課税になる国の制度。成人が利用できるNISAには、一般NISAとつみたてNISAがある。2024年から新NISAに制度が大きく改定予定（詳細は170ページ参照）。

[iDeCo（個人型確定拠出年金）]
国民年金や厚生年金加入者が加入する年金制度の1つ。加入は任意で、運用益は非課税。掛金は全額所得から差し引くことができるため節税にもなる。原則60歳までは引き出せない（詳細は176ページ参照）。

▶ 月3万円のお母様へのサポートも実現できるように

　ずっと気になっていたお母様へのサポート。現在月3万円の仕送りを実現されています。お母様へのサポートについては、まず、お母様とAさん、それぞれの収支のシミュレーションを行いました。その結果、月3万円の支援があれば、お母様も安心して生活できることがわかりました。また、月3万円であれば、Aさんの資産形成においても問題はありません。今まで生活費の不足を補うために、無理してアルバイトをしていた高齢のお母様も、今では仕事を辞め、余暇を楽しんでいらっしゃいます。**お金は貯めるだけでなく、誰かのために有効に使っていくということも、**

とても大切です。

▶ 10年間売れなかった土地も売却！

　もう１つの懸念事項が、地方に持っていた土地です。昔住んでいた場所とのことでしたが、現在は更地です。地元の不動産業者に依頼して、売りに出してはいるものの、10年間買い手がつかない状態でした。固定資産税などもＡさんがずっと負担しており、Ａさんは「タダ」でもいいので手放したいと思っていました。

　そこで、私の知り合いの不動産業者と一緒に作戦会議。どうやって地方の土地を売ったらいいのかレクチャーを受け、それをＡさんに実践していただきました。すると買い手が見つかり、無事売却することができたのです。売値も想定していた以上の価格で売却することができました。

▶ 金融資産は3,600万円を突破！

　Ａさんが資産運用を始めたのは、2019年夏頃。その後すぐにコロナショックが起こり、運用益は一時マイナスになりました。

　しかし、積立投資は相場が下落した時ほどチャンスです。ずっとブレずに資産形成を継続した結果、現在資産は3,600万円を突破！　不要な資産を手放し、資産形成を効率化したこと。そして、積立投資の継続と資産運用効果により、3年半で約2倍に資産を増やすことができたのです。現在Ａさんは、毎月12万円の積立投資を継続中です。そして、積立額以外のお金は好きなことに使い、人生を楽しんでおられます。

● Ａさんが実践してきた資産形成
- この後どう生きたいのかを整理
- 保有資産を確認し、資産を見える化
- CF表を作成し、将来の資産推移を見える化
- 不要な保険を解約して保険料を節約。資産を最適化

- つみたて NISA のスタート
- iDeCo のスタート
- 預貯金中心だった資産を、分散投資に変更
- 毎月12万円の積立投資をスタート
- お母様の CF 表の作成
- 無理のない仕送り金額の決定
- 10年間売れなった地方の土地を売却

● Aさんの相談開始からの金融資産推移

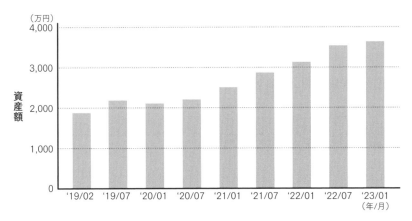

▶ 1つ道が開けると次の道が見えてくる

　何となく将来が不安だったというAさん。将来のお金のこと、お母様のこと、不動産のことなど、1つずつ不安を解消していきました。**1つ道が開けると次の道が見えてきます。**あなたも少しずつでよいので、前に進んでいってくださいね。

ゴールから逆算すれば、
今やるべきことが見えてくる

▶資産運用の前にやるべき5つのこと

　資産形成は、お金は貯めることだけが目的ではありません。貯めたお金をどう使っていくのか、そこもとても大切です。どのように使うのかによって、人生の豊かさが違ってきます。「お金のことを考える」ということは、あなた自身の人生について考えることなのです。

　これまで、こんなことを考えたことはないという方が多いかもしれません。でも、この本を手に取ってくださったということは、それについて考えるよいチャンスです。たった一度の人生をどのように過ごしていきたいのか、じっくりと考えてみてください。

　まず、資産運用を始める前に、やっていただきたいことが5つあります。
①1カ月の収支、お金の流れを知る
②1年の収支、お金の流れを知る
③自分の保有資産を知る
④将来の大きな支出を知る
⑤リタイア後の必要資産を知る
　1章で見てきた上記の5つのことを、ぜひ、やってみてください。この5つのことを把握せずに資産運用を始めても、いつまでたってもお金の不安からは解放されません。

▶ゴールから逆算し資産形成の仕組みをつくる

　自分のライフプランを実現するために、いつの時点でいくら必要なのか……？
　これを「ファイナンシャル・ゴール」といいます。このファイナンシャ

ル・ゴールを達成するために、資産運用はとても重要な手段となります。ご自身のライフプランを、ぜひ、「○歳までに○○万円！」というように、**ファイナンシャル・ゴールとして具体的な数字に落とし込んでみてください。人は具体的な目標が見えてくると、行動できるようになります。**

　また、今後、どんな生活をしていきたいのか、ということも同時に考えてみてください。あなたは、どこで、誰と、どのような生活をしていきたいですか？　漠然とした夢ではなく、より具体的にイメージしてみるのです。そうすれば、あなたの脳はそれを実現するように動き始めます。

　自分自身でイメージできないことは、まず実現できません。**自分の理想とする人生はどのようなものなのかを、具体的にイメージしてみる**ことも、とても大切です。

ファイナンシャル・ゴールが決まったら、次に、
- 毎月いくら積み立てていければいいのか？
- どのくらいの預貯金を持てばいいのか？
- どのくらいを運用に回せばいいのか？
- どのくらいの利回りが必要なのか？
- どのような商品を選べばいいのか？

を考えていきます。**ファイナンシャル・ゴールから逆算し、資産形成の仕組みをつくっていくの**です。仕組み化ができたら、後は淡々と続けていくだけ。資産形成の仕組み化については、2章以降でお話ししていきます。

あなたは
どんな生活を
していきたい
ですか？

　「これを続けていけば、ファイナンシャル・ゴールを実現できる」という目途が立てば、将来のお金に関する不安は消え、やりたいことを実現できるはずです。

〔 復習問題 〕

1 お金を貯めるには、どのようなことが大切でしょうか？
　　A. 家計簿を細かくつける
　　B. とにかく支出を減らす
　　C. 全体の収支と毎月どのくらい貯められるのかを確認する

2 資産を見える化するための方法で正しいのはどれでしょうか？
　　A. 保険は資産には含めなくてよい
　　B. 保険は解約返戻金を確認する
　　C. 不動産は購入時の価格がわかればよい

3 幼稚園から大学までの学費で、すべて私立だった場合は、すべて公立だった場合の約何倍でしょうか？
　　A. 2倍　　B. 3倍　　C. 4倍

4 人生3大支出（教育費、住居費、老後のお金）では、どのようなことに気をつければよいのでしょうか？
　　A. 教育費を重視したほうがよい
　　B. 老後のお金を重視したほうがよい
　　C. 3つのバランスが大事

5 住宅ローンについて、正しいものはどれでしょうか？
　　A. 住宅ローンは子どもが小さい時の教育費を基準にしてよい
　　B. 共働きの場合は、2人の収入いっぱいに借りてもよい
　　C. 住宅ローン返済比率は額面年収の20％以内が理想

6 老後のお金を考えるうえで、正しいものはどれでしょうか？
　　A. 自分が受け取る年金額を調べる
　　B. できるだけ多くの金額で資産運用を続ける
　　C. とにかく質素な生活を心がける

答えは190ページ →

運用知識編①

この章では、お金を増やす方法について確認していきます。現役時代は、資産を積み上げていくことが大切です。

お金が貯まるのはどっち？

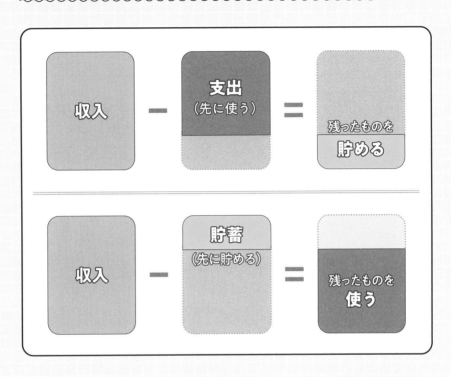

資産を増やしていくには、お金が貯まる使い方をすることが大事。では、お金が貯まる使い方は、①、②のうち、どちらでしょうか？

① 収入－支出＝貯蓄

　先に必要な分を使い、残ったら貯める！

② 収入－貯蓄＝支出

　先に一定額を貯め、残った分を使う！

答えは次のページへ ☞

② 収入－貯蓄＝支出

お金を貯めるには、先に一定額を別口座に貯蓄すること。これを「先取貯蓄」といいます。

▶ 現役世代は先取貯蓄で着実に増やす

お金を貯めたいならば、毎月、自動的にお金が貯まる仕組みを作っていくことがとても重要です。**収入が入ってきたら先に貯蓄をすること。これを「先取貯蓄」といいます。**

お金が貯まる
仕組みづくりが
大切です

人の意思というものはとても弱いもの。「残ったら貯めよう」「収入が増えたら貯めよう」では、いつまでたってもお金は貯まりません。

私はさまざまな方の家計を見ていますが、収入が多い方でも貯蓄ができていない方はたくさんいます。その多くは、「何となく使い、残ったら貯めよう」という行動を取っています。

一方、収入がそれほど多くなくても、きちんと貯蓄ができている方もたくさんいます。その多くは、自分なりの金額で先取貯蓄を実践しています。

資産が積み上がっている方は、**「収入が入ったら、毎月一定額を先に貯蓄し、それはないものとしてしまう。そして、残った分でやりくりしていく」**、こんなお金の使い方をしているのです。

資産形成は一朝一夕（いっちょういっせき）ではできません。毎月、毎年の積み重ねが、将来の資産形成につながります。塵（ちり）も積もれば山となります。そのために有効な方法が、先取貯蓄なのです。

▶まずは先取貯蓄の仕組みを作ること

先取貯蓄の方法には、おもに次のようなものがあります。

● 先取貯蓄の例

	方法	特徴
預貯金	積立定期預金	設定が楽 運用益は期待できない
	社内預金	設定が楽 運用益は期待できない 制度がない場合も多い
運用	つみたてNISA	口座開設や商品選びなどが複雑 運用なのでリスクがある 大きく増える可能性もある
	iDeCo	口座開設や商品選びなどが複雑 運用なのでリスクがある 大きく増える可能性もある 老後の資産用として利用する

　預貯金で積み立てていく方法、運用しながら積み立てていく方法など、いろいろとやり方はあります。設定の難易度は、預貯金よりも運用のほうが高くなります。

　まだ先取貯蓄を実践していない方は、方法に捕らわれずに、自分ができるやり方で始めてみましょう。**どの方法でやるかよりも、まずは先取貯蓄を始めることが大事。方法や手段は後から変更すればOK**です。

▶ 結果の見える化で先取貯蓄を成功に導く

先取貯蓄を成功させるポイントは2つあります。

①資産が増えていることを確認できるようにする

②自動的に積立口座にお金を移動させる

①は、日々出し入れする口座とは**別の口座に積立額を移動させ、毎月の資産の積み上がりを確認できるようにする**、ということです。毎月一定額を積み立てていけば、当たり前ですが、資産は増えていきます。「資産が増えている！」ということが実感できれば、うれしくなります。うれしくなれば「もっと積立額を増やそう！」という、先取貯蓄への前向きな意欲につながります。

②は、**できるだけ自動化していくこと**。これもとても大切です。NISAやiDeCoなどの積立投資でも、自分の給与口座から「毎月」「自動的に」「同じ商品を」「定額で購入する」という設定をすることができます。口座開設や商品選びなど、最初はちょっと面倒かもしれませんが、設定をしてしまえば、あとは自動的に貯まっていきます。

まとめ

✔ 給与から一定額を別の口座に動かし貯蓄する

✔ 先取貯蓄の方法にこだわらず、まずは始める

✔ 積み上がる資産を見える化する

✔ 給与口座から自動的にお金を動かす仕組みをつくる

Question 07
単利と複利、30年後の利益の差はどのくらい？

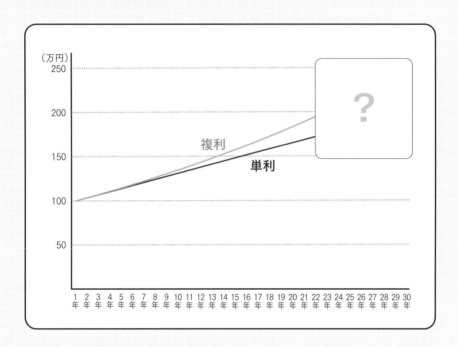

100万円を3％で運用した場合、単利と複利の利益の差は、30年後、どのくらいになるのでしょうか？ ①〜③から正しいものを選んでみましょう。

① 複利は単利よりも21万円利益が多い
② 複利は単利よりも53万円利益が多い
③ 複利は単利よりも106万円利益が多い

答えは次のページへ☞

② 30年後、複利は単利よりも53万円利益が多い

100万円を30年間3％複利運用した場合は243万円、単利運用の場合は190万円となり、その差は53万円になります。

▶ 複利では「投資元本＋利息」に利息が付く

資産を運用した時に1年間で付く利息のことを「金利」といいます。この金利には2種類あります。1つは単利です。単利とは「投資元本」にのみ利息が付く金利のこと。100万円を投資した場合、単利3％では毎年3万円の利息が付きます。

もう1つは複利です。複利とは「投資元本＋利息」に利息が付く金利のことです。元本＋利息に利息が付くので、運用を続けていくと、毎年利息の額が増えていきます。

単利：「投資元本」に対して利息が付く。年間の利息は一定。

複利：「投資元本＋利息」に対して利息が付く。年間の利息は増えていく。

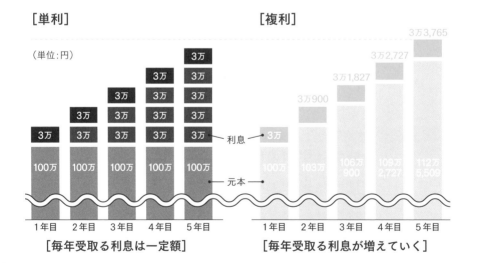

[単利]　　　　　　　　　　　[複利]

[毎年受取る利息は一定額]　　[毎年受取る利息が増えていく]

▶ 単利と複利の利益差、40年後は106万円

　複利効果は、運用期間が長ければ長いほど大きくなります。例えば、100万円を3％で複利運用した場合、1年目の単利との利益の差は0、2年目は900円、3年目は2,727円です。まあ、ちょっと差はありますが騒ぐほどではないでしょう。

　しかし、期間が長くなるとどうでしょうか？
　その差は、10年で4万3,916円、20年で20万6,111円、30年で52万7,262円、40年では106万2,038円！　**複利運用は、運用期間が長くなればなるほど、雪だるま式に増えていくのです。**

　「資産形成は時間が大事」とよく言われますが、それはこの複利効果が大きく影響しています。同じ運用をするなら利用しない手はないですよね。**複利を利用し、効率的に資産を増やしていく！**
　ぜひあなたも取り入れてみてください。

● 単利と複利の利益差

	単利	複利	単利との差
1年目	103万円	103万円	0円
2年目	106万円	106万900円	900円
3年目	109万円	109万2,727円	2,727円
10年目	130万円	134万3,916円	4万3,916円
20年目	160万円	180万6,111円	20万6,111円
30年目	190万円	242万7,262円	52万7,262円
40年目	220万円	326万2,038円	106万2,038円

▶ 利益は再投資し、複利効果を高める

　金融商品から支払われる利益には、「債券の利息」「株式の配当金」「投資信託の分配金」などがあります。しかし、投資元本からその利益が払

い出されてしまっては、複利効果が失われてしまいます。そんなときには、**払い戻された利益を投資元本に再投資するのがおススメ。**

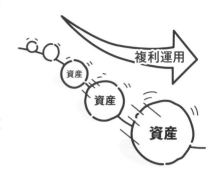
複利運用
資産
資産
資産

　また投資信託の場合、分配金が支払われる回数は商品により異なります。分配金が毎月出るタイプと年に1回出るタイプでは、年に1回など回数が少ないほうが複利効果は高まります。投資信託の分配金については162ページで説明しているので、詳しくはそちらで確認してくださいね。

［債券］
国や自治体、企業など、債券の発行体が投資家からお金を借りる時の証書のこと。投資家は、満期日まであらかじめ決められた利息を受け取ることができ、満期日がきたら元本が返済される。

［投資信託］
株式や債券などの有価証券がパッケージ化された金融商品。中身は複数の有価証券で構成され、株式だけのもの、債券だけのもの、株や債券などが混合しているものなど種類はさまざま。少額から投資できる（148ページ参照）。

Point

まとめ

✔ 金利には単利と複利がある

✔ 単利は「投資元本」に対して利息が付く。年間の利息は一定

✔ 複利は「投資元本＋利息」に対して利息が付く。年間の利息は増えていく

✔ 複利効果は、運用期間が長くなるほど増大する

✔ 払い戻された利益は投資元本に再投資し、複利効果を高める

65歳になった時に最も
お金が貯まっているのはどれ？

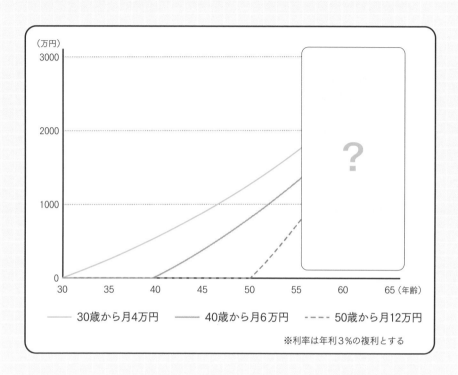

※利率は年利3％の複利とする

凡例：
—— 30歳から月4万円　　—— 40歳から月6万円　　---- 50歳から月12万円

貯蓄ゼロから毎月一定額を積み立てながら利回り3％で運用したとします。65歳時点で最も金額が大きくなるのは、①〜③のうちどれでしょうか？

①30歳から月4万円ずつ積み立てる
②40歳から月6万円ずつ積み立てる
③50歳から月12万円ずつ積み立てる

答えは次のページへ 👉

① 30歳から月4万円ずつ積み立てる

65歳時点で最もお金が貯まるのは、30歳から月4万円ずつ積み立て、利回り3％で運用した場合です。

▶ 30歳、月4万円の積立投資で3,000万円に!?

　もしも、あなたが今30歳だった場合、毎月4万円を積み立て、年間利回り3％で運用できたとすると、65歳時点では2,949万円。3,000万円近い資産を作ることができます。

　では、40歳、50歳の場合はどうでしょうか？　積立額と利回りを同じ条件とし、65歳まで続けたとすると、資産額は40歳スタートで1,778万円、50歳スタートでは907万円にとどまります。もしも65歳までに3,000万円をつくりたいなら、40歳スタートの場合は月6.7万円、50歳スタートの場合は月13.2万円を積み立てていく必要があります（税金は考慮していません）。

　この資産額の違いは何から生まれているのでしょうか？　そう「**時間**」です。積立期間の長さです。

　積立期間が長ければ、毎月の積立額は小さくても、資産の積み上がり、そして複利効果により、大きな資産を作ることができます。

　これが「**時間を味方に付ける**」ということです。大きな負担なく資産を築いていくためには、今からの時間を生かしていくことがとても重要なのです。

時間を味方に付ければ資産は増えます！

● **65歳時点の資産額**

毎月4万円を積み立て、3%の利回りで運用した場合

（単位：万円）

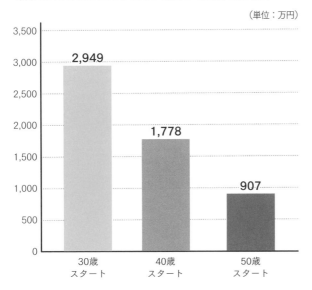

▶ 自分の積立額を試算してみよう

　インターネット上や携帯アプリなど、今はさまざまなツールで資産シミュレーションができます。インターネット上では、「金融庁」や「金融広報中央委員会（知るぽると）」などのシミュレーションサイトもあります。ぜひ、あなたも次の例に従って、毎月の積立額を試算してみてください。

　◆Aさんの例
　・ファイナンシャル・ゴール：リタイア時に4,000万円
　・年齢…42歳
　・リタイア年齢…65歳
　・保有資産…800万円
　・退職金…1,000万円
　・想定利回り…3％

①フィナンシャル・ゴールまでの資産額を計算する

　4,000万−(800万＋1,000万)＝2,200万円

　　　↓

②積立期間を計算する

　65歳−42歳＝23年

　　　↓

③サイト上で試算する

　金融庁のサイトによると毎月の積立額は5万5,444円になります。

　Aさんの場合、「毎月約5万5,000円を積み立て、利回り3％で運用をしていけば、65歳時点で退職金もあわせて約4,000万円の資産を作ることができる」ということがわかりました。

　具体的なイメージと行動がわかると、お金の不安はなくなります。

　ぜひ、自分のケースを計算してみてくださいね。

　もちろん、「今は教育費がかかるから積み立ては難しい……」などできない時期はあるかもしれません。ただ、教育費も何十年もかかるわけではありません。余裕ができたら積立額を増やすなど、調整すればいいのです。

　また、目標額が正しいのかを考えてみることも大切です。目標額を高く設定してしまい、現役時代は貯蓄のために我慢ばかりをし、リタイア後にお金持になってしまっても、幸せな人生とはいえません。

まとめ

- ✔ 時間を味方に付けると、大きな負担なく資産を作ることができる
- ✔ インターネット上のシミュレーションを利用してみよう
- ✔ ファインナンシャル・ゴールを実現するための積立額を試算してみよう

25年間で資産を2倍にするには
利回りは何%必要？

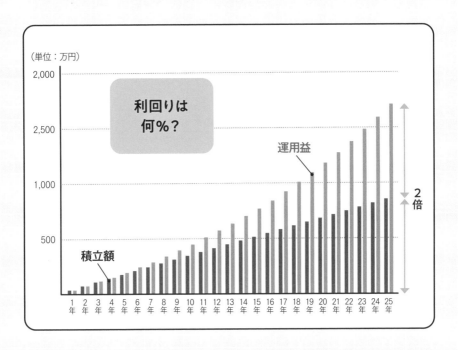

（単位：万円）

利回りは
何%？

運用益

2倍

積立額

現在40歳のXさんは、毎月3万円の積立投資を65歳まで25年間続ける予定です。積立総額は900万円です。この資産を2倍にするには、利回りは何%必要でしょうか？　①〜③から正しいものを選んでみましょう。

①利回り3％必要
②利回り5％必要
③利回り7％必要

答えは次のページへ 👉

② 利回り5％、積立25年間で資産は2倍

毎月一定額を積み立て、利回り5％で25年間運用すると資産額は約2倍増える計算になります。

▶ 一括投資で元本が2倍になる「72の法則」

「72の法則」というのをご存じでしょうか？ 「72の法則」とは、一括投資で複利で運用した時に、投資元本が2倍になる年数・利率を計算する法則です。

「年数×利率＝72」という式が成り立ちます。

実際に計算をしてみましょう。例えば、2023年2月時点の定期預金の利率は0.002％程度です。定期預金に100万円を預けた場合、何年後に資産は2倍になるのでしょうか？

72 ÷ 0.002 = 36,000

なんと、3万6,000年かかる計算になります。これでは命がいくつあっても足りません。では、これが利率5％だとすると……？

72 ÷ 5 = 14.4

14.4年で資産が倍になることがわかります。

Point

[一括投資]
手元の資金を一度にまとめて投資をすること。購入時の価格よりも投資商品の価格が上がればプラスに、下がればマイナスになる。購入時の価格が収益に大きく影響する。

　ちなみに、単利の世界で元本が倍になる法則は「年数×利率＝100」です。利率が5％だと「100÷5＝20」となり、20年かかる計算になります。一括投資で利率5％で資産を倍にするには、単利だと20年、複利だと14.4年。複利効果は、資産を倍にする期間を5.6年短縮してくれることになります。

　72の法則は、資産を倍にするために必要な利率も計算できます。例えば、現在40歳で65歳までに今の資産を倍にしたいのであれば、「72÷25＝2.88％」。一括投資の場合、25年間3％弱の利率で運用できれば、資産が倍になることがわかります。

複利5％
積立25年で
資産は倍に！

▶ 積立投資で元本が2倍になる「126の法則」

　現役世代は積立投資をして資産形成をするのが一般的です。72の法則はとても便利なのですが、残念ながら積立投資には使えません。積立投資で元本が倍になる年数・利率を知るには、慶應義塾大学教授の枇々木規雄教授が提唱した**「126の法則」**がとても便利です。**「年数×利率＝126」で積立投資をした場合に、資産が倍になる年数・利率が簡単に計算できます。**

　57ページのクイズの例を見てみましょう。Xさんは毎月3万円の積立投資をして、25年間で資産を2倍にしたいと考えています。法則にあてはめると「126÷25＝5.04」。約5％の利率が必要ということになります。Xさんが、もしも、毎月3万円の積立投資を利率5％で25年間続けることができれば、65歳時点で投資元本900万円の倍の1,800万円の資産を作ることができます。

資産形成では、ファイナンシャル・ゴールを設定し、それを達成するために何をすればいいのかを、見える化することがとても大切です。今やっていることが、将来のゴールにつながることが分かれば、資産形成を楽しみながら実行できるのではないでしょうか？

「72の法則」や「126の法則」を利用して、ぜひ、あなたの資産形成を見える化してみてくださいね。

● 投資元本が2倍になる年数と利率を知るための法則

	計算式	内容	利率5%の場合、何年で2倍になる？
72の法則	年数×利率＝72	**一括投資で複利運用**した時に、投資元本が2倍になる年数・利率がわかる	14.4年
100の法則	年数×利率＝100	**一括投資で単利運用**した時に、投資元本が2倍になる年数・利率がわかる	20年
126の法則	年数×利率＝126	**積立投資で複利運用**した時に、投資元本が2倍になる年数・利率がわかる	25.2年

まとめ

✔ 一括投資・複利で資産が倍になる年数・利率は72の法則
　（年数×利率＝72）

✔ 一括投資・単利で資産が倍になる年数・利率は100の法則
　（年数×利率＝100）

✔ 積立投資・複利で資産が倍になる年数・利率は126の法則
　（年数×利率＝126）

Question 10

過去40年間で世界経済は どのように動いてきたの？

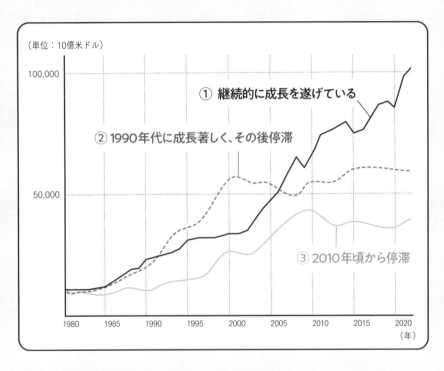

（単位：10億米ドル）

① 継続的に成長を遂げている

② 1990年代に成長著しく、その後停滞

③ 2010年頃から停滞

過去40年間の世界経済はどのように動いてきたのでしょうか？ 世界のGDPの動きで、正しいものはどれでしょうか？ **①~③**から選んでみましょう。

①世界経済は継続的に成長を遂げている

②世界経済は1990年代に成長、その後停滞

③世界経済は2010年頃から停滞

答えは次のページへ ☞

① 世界経済は継続的に成長を遂げている

1980年からの世界経済の推移を見てみると、多少アップダウンはあるものの、継続的に成長を遂げています。

▶ 約40年間で世界経済は9倍成長している

　世界経済は、右肩上がりの成長を遂げています。もちろん、多少のアップダウンはありますが、**1980年から比較すると世界のGDPは約9倍にまで拡大**しています。

　下のグラフは世界のGDPの1980年から2022年までの推移を表したものです。ヨーロッパは2010年頃からあまり成長できていませんが、他の地域は成長しているのがわかります。

世界経済は約40年間で9倍に！

● GDP推移1980〜2022年

(単位：10億米ドル)

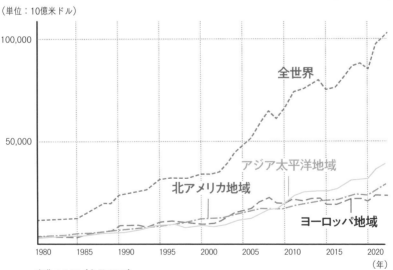

出典：IMF（名目GDP）

［GDP（国内総生産）］
Gross Domestic Product の略。一定期間内に国内で生産されたモノやサービスの総額のこと。経済の規模を表す。前期や前年と比較した GDP の伸び率を経済成長率という。

次に上位5カ国のGDPの推移を見てみましょう。

米国は継続的に右肩上がり、中国は2005年を超えた辺りから急激に成長を遂げています。一方、日本とドイツの成長は停滞気味。そして、2022年にはインドがイギリスを抜き、GDP第5位に浮上しています。

1990年代前半までは日本も右肩上がりでしたが、2010年以降世界経済を引っ張っているのは、米国と中国ということがわかります。そして、今後のインドにも注目です。

● 上位5カ国のGDP推移1980~2022年

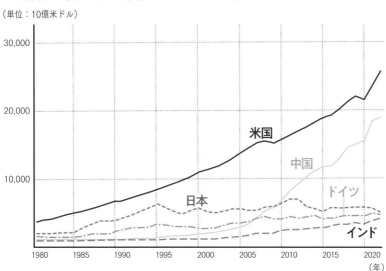

（単位：10億米ドル）

出典：IMF（名目GDP）

▶ 投資マネーは企業活動を支えている

ところで、そもそも「投資」とは何でしょうか？ 「株式や債券、投資信託などの金融商品を購入すること」。確かにそうかもしれません。

しかし、その先には何があるのでしょうか？ 私たちの投資マネーはどのように使われているのでしょうか？

世の中の多くの企業は、株式会社です。株式会社は、株式を発行することにより事業資金を得ています。株式などに投資する投資マネーがなければ、事業活動は成り立ちません。つまり、**一人ひとりの投資マネーが経済活動の血流となり、企業活動を支えている**のです。

▶ 今後も世界経済が成長すると思うなら投資をすべき！

投資の前提には、「今後も世界経済は成長していく」という考えがあります。もしも、あなたがこれに同意できないのであれば、投資はしないほうがよいでしょう。

資産形成は長期目線で行うもの。「短期的には多少のアップダウンはあるものの、10年、20年のスパンで見れば、世界経済は右肩上がりで成長していく。そこからの利益を受けられる」という信念がなければ、続けることはできません。

もしも、世界経済の成長を信じるのであれば、投資はすべきです。なぜなら、あなたの投資行為が経済を活性化させる元となり、世界経済の成長から利益を受け取ることができ、さらに、あなた自身の人生もより豊かにすることができるからです。

ただし、やり方を間違えると、資産を増やすどころか減らすことにもなりかねません。では、どうしたら失敗を防げるのでしょうか？ それには、次の「投資の種類」を理解する必要があります。

▶「趣味の投資」と「資産形成のための投資」

投資には2種類あります。1つは「趣味の投資」、もう1つは「資産形成のための投資」です。

あなたは投資というと、どのようなイメージを持っていますか？

● 一般的な投資のイメージ

これからどの会社が
伸びるのだろう？

将来値上がりする
銘柄を選ばなければ
いけない

これから成長していく
分野に投資を
しなければいけない

安く買って高く
売らなければ
儲からないから、
今が高いか安いかを
見極めなければいけない

相場の予想は難しい。
よくわからない、
当たらない……

確かに、相場を予測したり、特定の銘柄を選んで、買ったり売ったりする投資手法もあります。ただ、これらの投資はやりたい人がやればよい「趣味の投資」です。そして、この世界で勝つためには、この「趣味の投資」が大好きな人、得意な人と競い合っていかなければなりません。この世界は、誰かが勝てば誰かが負ける世界です。「そこで勝つ自信がある」という方は、参加すればよいでしょう。しかし、得意ではないと思うのなら、この世界に入るべきではありません。「趣味の投資」は、ヘタをすれば大ケガをする世界なのです。

では、私たちがやるべき投資とはどのようなものなのでしょうか？
それは**「資産形成のための投資」**です。**「世界の経済成長にお金を投じ、その成長から利益の分配を受ける」**という投資手法です。

この投資手法は、今から資産形成をしていこうと思っているあなたにも適した方法です。そして、**やり方さえ間違えなければ、みんなが勝てる投資手法**なのです。

● 2種類の投資の違い

	趣味の投資	資産形成のための投資
考え方	投資を楽しむ、儲けたい	お金に働いてもらう
ポイント	銘柄選択、相場観、売買のタイミング	時間を味方に付ける
投資スタイル	短期・中期・集中投資	長期・分散・積立
方向性	リスク・テイク	リスク・コンロトール
成功の秘訣	売りのルールをもつこと	続けること

成功するための重要なポイントは、「続けること」です。相場は動きます。一時的に、大きくマイナスになることもあります。それでも続けることが大切です。なぜなら、世界経済が成長している限り、下がった相場はいずれ戻ってきます。そのチャンスを逃さずに、下がっている時も続けていけるか……これが成否を大きく左右するのです。

続けていけるようになるためには、投資の原理原則を知ることが大切です。投資の原理原則については3章以降で詳しくお話ししていきます。

まとめ

✔ 1980年から世界経済は9倍に成長している

✔ 投資マネーは企業活動を支えている

✔ 投資には、「趣味の投資」と「資産形成のための投資」がある

✔ 世界経済の成長から利益を受けるという考え方が大事

✔ 成功するためには、続けることが大事

家計の見直しと運用方法の変更で
資産形成を実施（40代夫婦）

▶世帯年収1300万円でも資産が増えない！

　Bさん夫妻は共働きですが、お子さまの教育費がかかり、資産がなかなか増えないのが悩みの種。資産運用にも興味があり、株式投資もしていましたが、あまり増えてない……。

プロフィール　・40代、既婚
　　　　　　　　　・共働き、子ども2人（長男大学1年、長女高校3年）

Bさん夫妻の資産状況

- 預貯金等…930万円（預貯金380万円、運用資産550万円）
- 保険………世帯主：終身保険（死亡保険金300万円／解約返戻金70万円）、米ドル建て終身保険（死亡保険金1,500万円／解約返戻金380万円）
  配偶者：養老保険（死亡保険金・満期金500万円／解約返戻金150万円）
- 不動産……自宅：4,000万円（概算）／住宅ローン1,700万円

（単位：万円）

資産		負債	
現金・預金	380		1,700
保険	600		
国内株式	350		
外国株式	200	純資産	
国内不動産（自宅）	4,000		3,830
総資産	5,530		5,530

初めてＢさんがご相談に来られたのは、2014年。
ご希望は次のようなものでした。

・子どもの教育費はきちんと用意したい。やりたいことはやらせたい
・リタイア後はそれなりに豊かな暮らしがしたい

　共働きで、世帯年収も 1,300 万円ほどあるものの、「資産が増えている感じはしない」とのことでした。2 人のお子さまは中学から私立で、長男は私立大学に進学。教育費もかなりかかっているようです。50代を目前にして、このままで大丈夫なのか不安になっていらっしゃいました。

▶今のままでは85歳で資金ショート！

　そこでまずは、今のままでいくとどうなるのかというシミュレーションを実施。その結果、お子さまが大学を卒業するまでは収支はトントンですが、お子さまが卒業されると、現役時代の収支は大きく改善することがわかりました。しかし、リタイア後も、今のままの支出を続けると、85 歳頃には資金がショートしてしまう可能性があります。支出を少し切り詰める必要があるようです。住宅ローンは60歳で完済予定なので、住まいについては安心です。

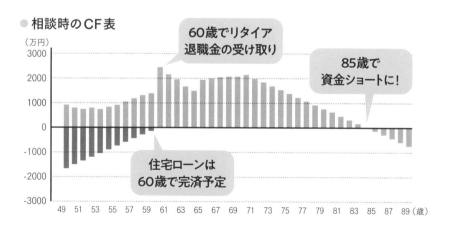

● 相談時のCF表

▶「趣味の投資」から「資産形成の投資」にシフト

　Ｂさんの運用方法は、短期的な個別株の売買が中心で、「運用をしているがほとんど増えていない」とのことでした。積立投資はしていません。そこで、「趣味の投資」と「資産形成のための投資」（65ページ参照）の考え方を説明し、運用方法を変更することにしました。

　短期的な個別株の売買では、数万円、数十万円の資産を増やすことはできても、資産全体を数百万円、数千万円単位で増やすことはなかなかできません。現役世代の資産形成は、まず先取貯蓄を行い、自動的に増える仕組みをつくっていくことが大切です。

　Ｂさんのご家庭は、世帯収入が多い分、支出も多くなりがちでした。収支もきちんと把握できておらず、毎月いくら積み立てが可能なのかもわかりませんでした。そこで、まず資産一覧表を作り、定期的に収支を把握するようにしました。

　資産管理は1円単位でなく、万単位でザックリと把握します。そのほうが面倒臭さも軽減され、家計全体の動きも見えてきます。**大切なのは細かなお金の流れではなく、資産全体のお金の流れを把握し、そこからどのような家計改善が可能なのかを見つけることです。**

　3カ月後、全体のお金の流れがある程度把握できたため、Ｂさんは外国株式に投資する投資信託を中心に、毎月5万円の積立投資をスタート。しばらく様子を見ることにしました。

▶住宅ローンは繰上げ返済しない

　しばらくして、住宅ローンについて、次のような質問をいただきました。「住宅ローンの残債が1,000万円を切りました。これを一括返済し、

スッキリしたほうがよいでしょうか？」

　当時、住宅ローンは3年固定金利で借りており、ちょうど更新時期でもありました。当時の金利は1.2%です。

　さて、あなたはどう考えますか？

　私の答えはノーです。住宅ローンを金利1%前後で借りられるというのは、会社員という信用があるからこその恩恵です。その恩恵は受け続けられる限り、受け続けたほうがよいと考えています。また、できるだけ**手元のお金を減らさない、という考え方も大切**です。

　金利1%前後であれば、繰上げ返済せず、コツコツと返済していきましょう。もしも、借入金利が高いようであれば、まず借り換えを検討しましょう。金利1%程度であれば、繰上げ返済に回す予定だったお金を、資産運用に回したほうが合理的と考えます。

　Bさんは今でもコツコツ住宅ローンを返済しつつ、余裕資金をしっかりと運用されています。

▶ お宝保険は解約してはいけない

　また、2021年には、保険について次のようなご質問をいただきました。「保険会社から米ドル建て保険の解約返戻金が1,000万円になったので解約しませんか、と連絡がきたのだけれど、解約したほうがよいのでしょうか？」とのことです。

　Bさん夫妻が加入している終身保険、米ドル建て保険、養老保険は、1995年に加入されており、予定利率が高いお宝保険です。逆に、保険会社からみると、逆ザヤになっているため、解約してほしい保険なのです。もちろん、**お宝保険を解約してはいけません。**今では加入できない

利率の高い保険は、安定的に資産を増やしてくれます。

[保険の逆ザヤ]
生命保険会社が従来想定していた予定利率よりも、実際の運用利回りが下
回ってしまう状態のこと。予定していた運用利回りが得られない場合は、
保険会社がその損失分を負担することになる。

▶資産を見える化すると、貯めるのが楽しくなる

　定期的に資産を確認すると、自然と無駄遣いが減っていきます。「体重や食べたものを記録していくと、ダイエットが成功しやすい」とよくいわれますが、それと同じです。**資産を見える化すると、自然と支出にブレーキがかかってくる**のです。

　今では2人のお子さまも大学を卒業され、収支にも余裕が出てきました。そこで、毎月25万円、ボーナス時にはプラスαの積み立てを行い、ぐんぐんと資産を増やしています。私がサポートをし、運用を始めたのが2015年頃からなので、金融資産は約8年間で1,530万円から7,800万円と、約5倍以上になったことになります。

　もともと世帯収入が多かったので、「家計管理＋資産形成」でこれだけのスピードで資産を増やすことができました。今では資産形成が楽しくなっているとのことです。

　現在は、外国株式、外国債券、金などに投資する投資信託を利用し、積立分散投資を継続されています。

▶50代に入ったら、60歳以降のライフプランを考えよう

　50代に入ったら、**リタイア後にどのような生活を送りたいのかを少しずつ考えていくことがとても大切**です。

Bさんは、「会社を退職したら、今までの経験を生かし、自分でビジネスを始めたい」と考えています。現在は60歳以降のライフプランの実現に向け、少しずつ準備を進めていらっしゃいます。

● Bさんが実践してきた資産形成

・この先どうしたいのかをご夫婦で相談、整理
・保有資産を確認し見える化
・CF表を作成し、将来の資産推移を見える化
・3カ月間、家計簿チェック
・家計を見える化し、毎月5万円の積立投資をスタート
・つみたてNISAのスタート
・iDeCoのスタート
・お子さまが独立し、積立額を増額
・資産額が大きくなったため、資産を分散
・お宝保険はそのまま保有
・住宅ローンの繰り上げ返済はしない
・60歳以降のライフプラン実現のための準備を行う

● Bさんの相談開始からの金融資産推移

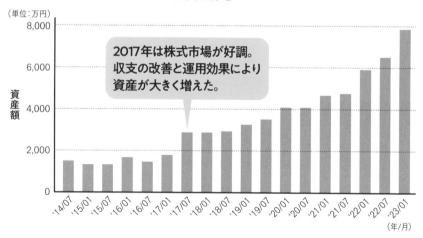

2017年は株式市場が好調。
収支の改善と運用効果により
資産が大きく増えた。

着実に、効率的に、楽に、 お金を増やしていく

▶お金を増やす３つのポイント！

　２章ではお金を増やすためのポイントをお話ししました。キーワードは「着実に」「効率的に」「楽に」です。

着実に
増やす方法

楽に
増やす方法

効率的に
増やす方法

①着実にお金を増やす＝先取貯蓄

・使う前に一定額を貯蓄にまわす

・日々使う口座とは別の口座で積み立てる

・自動化する

・毎月の資産の積み上がりを見える化する

・どの方法でやるかに悩むより、まずは先取貯蓄を始めること

②効率的にお金を増やす＝複利で増やす

・金利には単利と複利がある

・単利は「投資元本」に利息が付くので、利息は一定

・複利は「投資元本＋利息」に利息が付くので、利息が増えていく

・複利効果は運用期間が長ければ長いほど、利回りが高ければ高いほど、増大する

・運用益は使わずに投資元本に組み入れ、再投資する

③楽にお金を増やす＝時間を味方に付ける

・積立期間が長ければ、積立額は小さくても大きな資産になる

・今が一番若い。積立期間が一番長くなる

・いくら積み立てたら、どのくらいでどれくらいの資産になるのか、具体的に試算してみる

・シミュレーションサイトを利用し、実際に計算してみる

　先取貯蓄の仕組みをつくり、コツコツと積み上げていけば、資産は増えていきます。今からの時間を有意義に利用し、積み上がっていく資産を複利で効率的に増やしていきましょう。

▶今後の世界経済が成長すると思うなら投資をすべき

　1980年から、世界のGDPは9倍に拡大しています。今後も世界経済は成長していくと思うのであれば、世界経済の成長にお金を投じて、そこからの利益を受け取りましょう。

　ただし、私たちがやるべき投資は「資産形成のための投資」です。「趣味の投資」ではありません。

・趣味の投資：相場観や売買のタイミングを予測し、商品を売買。勝つか負けるかの世界
・資産形成のための投資：世界経済の成長から利益をいただくという考え方。長期・分散・積立投資

　資産形成を成功させるには、続けることが大切です。不景気になり、株式相場などが下落しても続けること。世界経済が成長している限り、下落した相場はいずれ回復します。資産形成のための投資は、やり方さえ間違えなければ、みんなが勝てる投資の方法なのです。

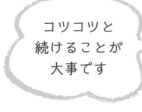

コツコツと
続けることが
大事です

[復習問題]

1 お金を増やすためのキーワードは「着実に」「効率的に」「楽に」の3つ。では、「楽に」が意味するものは？

A. 時間を味方にする　B. 先取貯蓄をする　C. 複利を利用する

2 収入が入ってきたら使う前に貯蓄することを「先取貯蓄」といいます。先取貯蓄について正しいのはどれでしょうか？

A. 自動化する　B. 手動で毎月振込　C. 積立方法をよく吟味する

3 複利効果を高めるための方法で、正しいのはどれでしょうか？

A. 利息は預貯金に貯めていく
B. 利息は使ってしまう
C. 利息は再投資する

4 1980年と比較すると、世界のGDPは現在どのようになっているのでしょうか？

A. 変っていない　B. 2倍に拡大している　C. 9倍に拡大している

5 投資には2種類あります。私たちがすべき投資について、正しいものはどれでしょうか？

A. 相場を予測しながら売買する
B. 安値で買い、高値で売ることを繰り返す
C. 世界経済の成長に長期投資する

6 資産形成を成功させるには何が重要でしょうか？　正しいものを選んでみましょう。

A. 続けること
B. 利益が出たら売ること
C. 損が出たら早めに売ること

答えは190ページ →

3章

運用知識編②

この章では、資産運用の
キーとなる資産分散、時間
分散について確認していき
ます。この章を理解するこ
とで、ブレずに資産形成を
続けられるようになります。

Question 11
最も投資のリスクが
大きいのはどれ？

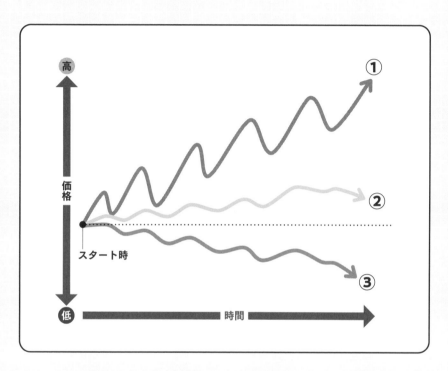

上のグラフは、3つの運用商品の価格の動きを表しています。最も投資のリスクが大きいものはどれでしょうか？ ①～③から選んでみましょう。

① 価格はスタート時から上昇、価格変動が大きい

② 価格はスタート時から変わらず、価格変動は小さい

③ 価格はスタート時から下落、価格変動は小さい

答えは次のページへ 👉

投資のリスクは①が最も大きい

価格のブレ幅が大きなものが、リスクが大きい商品です。値上がり幅も大きく、値下がり幅も大きくなります。

▶ 投資のリスクとはブレ幅のこと

投資におけるリスクとは何でしょうか？

• 損をすること？
• 運用商品の価格が下がること？
• 企業が倒産すること？

いいえ、残念ながらこれらはすべてバツです。

　投資のリスクとは、損をすることではありません。運用商品の価格のブレ幅のことをいいます。運用商品の価格は、上がったり下がったりを繰り返します。その上がり下がりが大きいものをリスクが大きい商品、小さいものをリスクが小さい商品といいます。

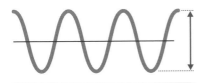

ブレ幅が大きい ➡ **リスクが大きい**

ブレ幅が小さい ➡ **リスクが小さい**

　実際の資産の例で見てみましょう。次ページのグラフは、国内株式、外国株式、国内債券、<u>外国債券</u>の4つの資産の年間リターンを表しています。株式のリターンは、上にも下にも、大きくブレているのがわかります。

一方、債券のブレ幅は、株式に比べてとても小さいのがわかります。

● 主要な資産別の年次リターンの推移（1970〜2022年）

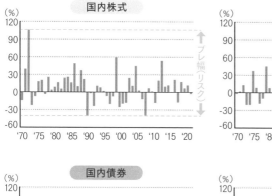

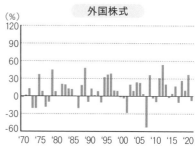

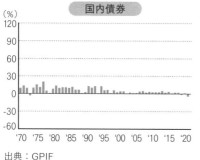

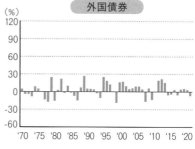

出典：GPIF

Point

［外国債券］
債券のうち、発行体、発行市場、通貨のいずれかが外国であるもの。

▶ リスクが大きいほうがリターンも高くなる

リターンとリスクは表裏一体の関係です。リスクを取らなければ、リターンは得られません。そして、一般的に**リスクが大きいほうが平均リターンも高くなります**。

下の図は、主要4資産のリターンとリスクのイメージ図です。上に行くほどリターンが高く、右に行くほどリスクが大きくなります。

● **リターンとリスクの関係**

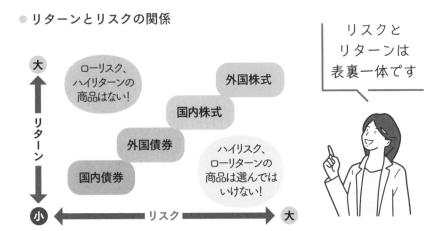

　もしも、リスクが小さく、リターンの高い「ローリスク・ハイリターン」の商品があれば、みんな投資しますよね。ただ残念ながら、そのような商品は存在しません。しかし、「ハイリスク・ローリターン」の商品は存在します。資産形成では、このような商品を選ばないようにすることも大切です。

> **まとめ**
> ✔ 投資の世界では、リスクとは損をすることではなく、価格のブレ幅のこと
> ✔ リスクが大きいほうが平均リターンも高くなる
> ✔ 大きなリターンを得たければ、大きなリスクを取らなければならない
> ✔ 債券より株式、国内のものより海外のもののほうがリターンとリスクは大きくなる

Question 12

最大損失はどのくらい？

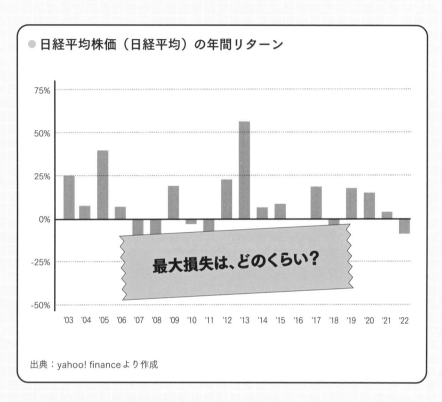

● 日経平均株価（日経平均）の年間リターン

最大損失は、どのくらい？

出典：yahoo! finance より作成

日経平均の過去20年間の平均リターンが8％、リスクが21％とすると、最大損失、つまり最悪、どのくらいまでマイナスが出ると考えられるでしょうか？　①〜③から選んでみましょう。

① マイナス13％

② マイナス21％

③ マイナス34％

答えは次のページへ 👉

③ 最悪、マイナス34％まで下落する

リターンのブレ幅はマイナス34％～プラス50％の範囲にほぼ収まると考えられます。

▶ 平均リターンは期待リターン

　まず、平均リターンの求め方を確認してみましょう。平均リターンとは過去の値動きの平均値で表します。

　商品Aの場合
- 1年目　100円→115円に上昇……15.0％の上昇
- 2年目　115円→107円に下落……－7.0％の下落
- 3年目　107円→120円に上昇……12.1％の上昇

　商品Aの場合、3年間の平均リターンは、15.0％、－7.0％、12.1％の平均値＝6.7％です。平均リターンが6.7％だった場合、「年6.7％程度のリターンであれば、今後も実現できる」と考えられます。つまり、**平均リターンは今後も期待されるリターン**ともいえます。

　ただし、平均リターンはあくまでも過去の平均値です。実際には上ブレすることもあれば下ブレすることもあります。この平均リターンに対するブレ幅が、投資のリスクというわけです。

　リスクは、高校の数学で学ぶ標準偏差の考え方で求めることができます。ただ、自分で計算する必要はありません。計算方法よりもリスクの数字を目にした時に、その数字が何を意味しているのかがわかれば大丈夫です。

▶ リスクとリターンから、最悪の事態を予測できる

　資産運用を続けていれば、「一時的にマイナスになる」ということはよくあることです。でも、万が一損失が出たとしても、「どのくらいのマイナスになる可能性があるのか？」ということがある程度わかっていれば、不安も軽くなるのではないでしょうか？

　では、どのように予測すればよいのかを見ていきましょう。

　下のグラフは、日経平均の過去20年間の年間リターンを表しています。上に伸びているのがプラスだった年、下に伸びているのがマイナスだった年です。棒グラフが大きいほど、ブレ幅＝リスクが大きいことを示しています。

● 日経平均株価の年間リターン（2003〜2022年）

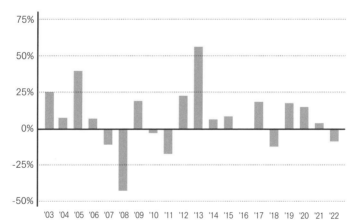

出典：yahoo! financeより作成

　過去20年の日経平均の平均リターンは約8％、リスクは約21％です。このリターンとリスクの数字から、日経平均が上下にどれだけブレるのか、そして、最悪どのくらいマイナスになる可能性があるのかを、標準偏差という考え方で知ることができます。グラフで表すと次ページのようになります。

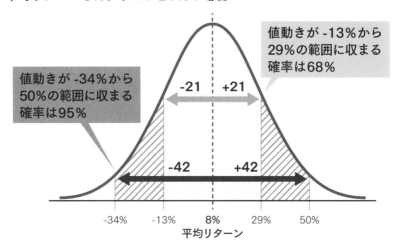

● 平均リターン8％、リスク21％の場合

値動きが -13％から 29％の範囲に収まる 確率は68％

値動きが -34％から 50％の範囲に収まる 確率は95％

-21　+21

-42　+42

-34%　-13%　8%　29%　50%
平均リターン

平均リターンを中心として、リスクの分だけ上ブレしたり下ブレしたりするわけです。そして、「平均リターン±1リスク」は普通に起こりうることであり、何か大きなショックがきた時には、リスクの2倍、すなわち「平均リターン±2リスク」のブレを想定しておく必要があります。最大損失としては「平均リターン－2リスク」を見ておきましょう。

日経平均の場合で見てみると……。

最悪の場合の
リスクを
考えて
おきましょう

・平均リターン±1リスク
　＝プラス29％からマイナス13％
→普通に起こりうるブレ幅

・平均リターン±2リスク
　＝プラス50％からマイナス34％
→ショック時には覚悟しておくブレ幅

最大損失は
マイナス34％

つまり、**100万円を運用していたら、よい時には1年間で150万円になるかもしれないし、悪い時には66万円にまで下がる可能性もある**ということです。

また、ブレ幅が「平均リターン±1リスク」の範囲に収まる確率は68％、「平均リターン±2リスク」の範囲に収まる確率は95％となります。

では、実際にどうだったのかというと……？

過去20年間の日経平均で最もマイナスが大きかったのは、2008年のリーマンショック時のマイナス42％です。マイナス34％を超えてしまっています。リーマンショック時は、想定を超える下落だったということがわかります。

そしてもう1つ、2013年はアベノミクス効果により大きく上ブレし、プラス57％になっています。しかし、その他はすべて範囲内に収まっています。

Point

[アベノミクス]
2012年末から始まった第2次安倍政権による経済政策。経済回復を目標とし、大規模な金融緩和などを実施した。

▶ リターンとリスクは商品一覧で確認

資産別のリターンやリスクは、以下のサイトで確認することができます。

● **参考サイト**

・投信アシスト
https://toshin-assist.jp/

・マイインデックス
https://myindex.jp/

　投資信託の商品ごとのリターンやリスクは、SBI証券では「投資信託パワーサーチ」、楽天証券では「投信スーパーサーチ」などの、商品検索・一覧のページで確認できます。

　リスクは「標準偏差」という言葉で表示されていることもあります。

　そして、商品を選ぶ時には、「平均リターン±2リスク」を必ず確認するようにしましょう。最大損失を知っておくことで、いざ大きなブレがきた時でも、慌てることがなくなります。

　ところで、84ページのリターンとリスクの山形のグラフ。どこかで見たことはありませんか？

　じつは、投資のリスクは、テストなどの偏差値と同じ考え方になります。偏差値50が真ん中で、右に行くと55、60と偏差値が高くなり、左に行くと偏差値45、40と偏差値が低くなる……というあのグラフです。「投資のリスク（平均リターンに対するブレ幅）は、テストの点数のバラつきと同じ考え方」ということを知っておくと、理解しやすいのではないでしょうか？

まとめ

- ✔ 通常時で「平均リターン±1リスク」は起こりうること
- ✔ ショック時には、「平均リターン±2リスク」まで覚悟しておくこと
- ✔ 最大損失は、「平均リターン−2リスク」で計算できる
- ✔ 投資のリスクは、テストの偏差値を同じ考え方

Question 13
資産分散をしているのはどれ？

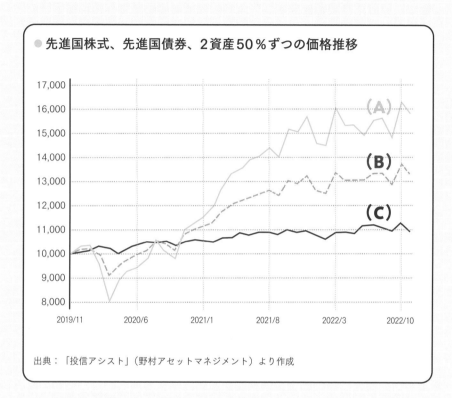

● 先進国株式、先進国債券、2資産50％ずつの価格推移

出典：「投信アシスト」（野村アセットマネジメント）より作成

グラフは先進国株式のみ、先進国債券のみ、先進国株式と先進国債券を
50％ずつ保有した場合の過去3年間の価格推移です。先進国株式と先
進国債券を50％ずつ保有したグラフは、①〜③のうちどれでしょうか？

① 値動きが最も大きい（A）
② 値動きが中くらいの（B）
③ 値動きが最も小さい（C）

答えは次のページへ ☞

② 資産分散をした場合の価格推移は（B）

値動きの異なる資産に分散投資をすると、リターンをある程度維持しつつ、資産全体のブレ幅を小さくすることができます。

▶ 資産分散で資産全体のリスクを軽減させる

　運用商品には、国内債券、国内株式、外国債券、外国株式、金、不動産など、さまざまな資産があります。投資資産を**値動きの異なる資産に分けてもつこと。これを資産分散といいます。**

● 資産分散のイメージ図

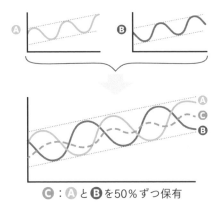

Ⓒ：ⒶとⒷを50％ずつ保有

> **異なる資産を合わせて保有すると
> リスクが相殺される**

　資産分散の一番の効果は、資産全体のリスクを軽減させることです。

　経済状況により各資産の値動きは異なります。例えば、「株式が上昇すると債券が下落する」「株式が下落すると金が上昇する」といったことがよく起こります。資産を分けて持つことにより、それぞれのリスクが相殺され、資産全体のリスクが軽減されるのです。

▶ 資産クラス別リターン順位は毎年大きく入れ替わる

　この先、どの資産が大きく上昇していくのか……？　これは、誰にもわかりません。

　次ページの図は、資産クラス別の年間リターンを上から高い順に並べ

たものです。例えば、国内株式の場合、2018年は下位ですが2020年は上位となっています。

● 資産クラス別リターン（年次、円換算）

2018年	2019年	2020年	2021年	2022年
国内REIT 6.7%	コモディティ・原油 36.6%	コモディティ・金 17.2%	コモディティ・原油 77.3%	コモディティ・原油 18.1%
国内債券 0%	先進国株式 29.5%	先進国株式 9.4%	先進国株式 38.8%	コモディティ・金 16.7%
先進国債券 -2.9%	国内REIT 20.9%	新興国株式 6.9%	ハイイールド債券 17.1%	新興国株式 15.4%
コモディティ・金 -3%	コモディティ・金 17%	国内株式 4.8%	先進国REIT 16.3%	ハイイールド債券 2.4%
ハイイールド債券 -4.3%	先進国REIT 16.2%	ハイイールド債券 1.1%	国内REIT 15.8%	先進国債券 -1.1%
先進国株式 -10.7%	新興国株式 15.6%	国内債券 -1.6%	新興国債券 11.1%	国内株式 -5.1%
先進国REIT -11.2%	国内株式 15.2%	先進国債券 -3%	国内株式 10.4%	先進国株式 -5.1%
新興国債券 -11.5%	先進国債券 14%	新興国債券 -10.4%	新興国株式 9.7%	国内債券 -6.2%
国内株式 -17.8%	ハイイールド債券 13.4%	先進国REIT -14.7%	先進国債券 6.9%	新興国株式 -7.5%
新興国株式 -18.1%	新興国債券 6%	国内REIT -16.9%	コモディティ・金 6.6%	国内REIT -8.3%
コモディティ・原油 -26.8%	国内債券 0.8%	コモディティ・原油 -26.5%	国内債券 -1%	先進国REIT -15.5%

出典：モーニングスター

　このように、**各資産のリターンは、毎年順位が大きく入れ替わります。**ずっと上位を維持し続けている資産はないのです。

▶ 資産形成を続けていくためにも資産分散は大事

　87ページのクイズのグラフは、先進国株式、先進国債券、2資産を50％ずつ保有した場合の価格推移を表しています。2019～2022年の

資産分散で
リスクを
平準化します

3年間のグラフなので、ちょうどコロナショックを含んでいます。2019年後半から2021年にかけて、（A）先進国株式は大きく下落しましたが、（C）先進国債券はほとんど下落していません。そして、（B）50％ずつ保有した資産はちょうど2資産の中間の動きをし、下落幅は小さく、その後も穏やかながらしっかりと上昇しています。

　もちろん、先進国株式だけを保有していた場合、コロナショック後の株価上昇により、大きなリターンを得ています。しかし、これはあくまでも結果論。パンデミックと恐れられたウイルス感染拡大時に、これだけ急激な上昇を、誰が予想できたでしょうか？

　2008年のリーマンショック時には、株価は5割以上下落し、その後5年間浮上できませんでした。株式だけを保有していたら、100万円が50万円に、1,000万円が500万円に、1億円が5,000万円になっていたことになります。

　この先も、このようなショックが起こる可能性はあります。**できるだけリスクを抑えながら、かつ利益を得ていくためにも、資産分散は、有効な投資手法**といえるでしょう。

まとめ

✔ 資産分散とは、異なる値動きの資産に分けて投資をすること
✔ 資産分散は、資産全体のリスクを軽減してくれる
✔ 資産クラス別リターンの順位は、毎年入れ替わる
✔ 資産分散でリスクを抑えつつ、長期的に資産形成を続けていくことが大切

Question 14

ドル円レートが75円から150円になると100万円の価値はどうなる？

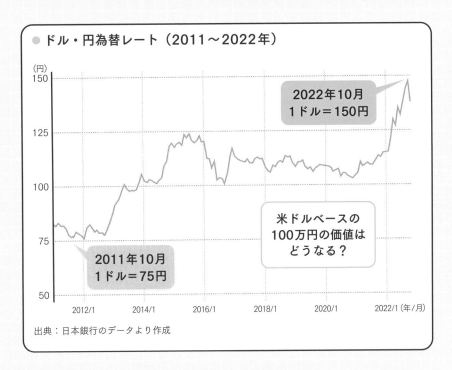

● ドル・円為替レート（2011〜2022年）

（円）

2022年10月
1ドル＝150円

米ドルベースの
100万円の価値は
どうなる？

2011年10月
1ドル＝75円

出典：日本銀行のデータより作成

ドル円為替レートは、2011年10月の1ドル75円が、2022年10月には150円になりました。では、100万円の価値は、米ドルベースで計算するとどう変化したのでしょうか？　①〜③から選んでみましょう。

① 100万円の価値は米ドルでは2倍になった

② 100万円の価値は米ドルでも変わらない

③ 100万円の価値は米ドルでは2分の1になった

答えは次のページへ ☞

③ 100万円の価値は米ドルでは2分の1に

100万円の米ドルでの価値は、1ドル＝75円では1万3,333ド
ル、150円では6,666ドル。円の価値は2分の1に下落しました。

▶ この11年間で円の価値は半分に

　為替レートの動きは、私たちの資産にどのような影響を及ぼすのでしょ
うか？　まずは下の図で為替のおさらいをしてみましょう。

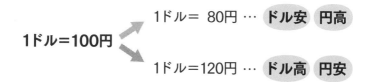

- ドルの価値が下がる＝円の価値が上がる（ドル安・円高）
- ドルの価値が上がる＝円の価値が下がる（ドル高・円安）

　**円資産の価値を米ドルベースで見てみると、円高時には価値が上昇し、
円安時には下落します。** 91ページのクイズのグラフのように、この11
年間で1ドルが75円から150円と2倍になり、ドル高・円安が進みま
した。つまり、100万円の価値は、米ドルベースでは2分の1に下落し
たことになります。

　長期的なドル円為替レートを見てみると、さまざまなショックを乗り
越えながらも、**1990年以降は1ドル＝70円〜150円の間を行き来し
ています。** つまり、このくらいの範囲で為替レートは動くという認識を
持っておく必要があります。

　「日本から出なければ、為替の動きは関係ないのではないか」という
声もありますが、そうではありません。円安になると、海外からの輸入

品の価格が上昇します。日本は、エネルギー資源など、経済活動の基となる分野の多くを輸入に頼っています。その影響は、インフレという形で私たちの生活に影響を及ぼします。もしも円預金だけに資産が偏っていた場合、円安とインフレというダブルパンチを受けてしまう可能性があります。

● ドル・円為替レート（1980〜2022年）

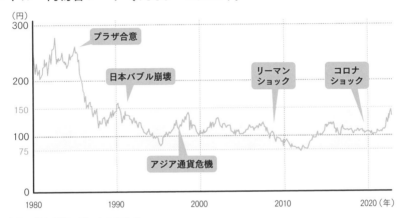

出典：日本銀行のデータより作成

▶ 過去40年の物価、米国は3.6倍、イタリアは5.6倍

次に物価上昇（インフレ）について見てみましょう。**モノの価格が上昇すると、お金の価値が下がります。**例えば、5％のインフレが起きた場合、昨年100円だったモノが今年は105円になります。つまり、5円分お金の価値が下がったことになるわけです。

2022年、欧米では8％、9％のインフレが話題になりました。しかし、そもそも世界では、「物価は上がるもの」との認識があります。1980年から2022年までの物価の動きを見てみると、日本ではこの42年間で1.4倍の物価上昇が見られますが、1990年から2021年まではほぼ一定です。しかし、他の先進国では物価はずっと右肩上がり。米国では

3.6倍、イタリアでは5.6倍にまで上昇しています。物価が上がらなかった日本だけが、レアな存在だったのです。

2023年は
日本でも
インフレが話題に
なっています

　一方、**物価が下がるデフレは、自動的に現預金の価値を引き上げていきます。**つまり、たまたま日本では長い間デフレが続いていたので、現預金のまま資産を保有していたとしても、何の問題もなかったのです。

　しかし、さすがに日本にもインフレの波が押し寄せてきています。これだけ世界がグローバル化した現在、日本だけが世界中のインフレの影響を受けないわけがありません。今後は、インフレによるお金の価値の下落という問題が日本でも起こるでしょう。そうすると、現預金だけで資産を持つことのデメリットが、ますます大きくなるのではないでしょうか？

● 先進国の物価の推移（1980~2022年、1980年＝100）

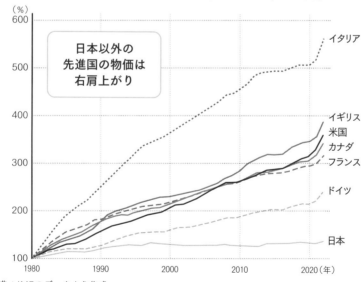

出典：IMFのデータより作成

▶資産分散で資産価値を守る

　さまざまな**経済の変化が起こったとしても、資産価値を守る方法、そ
れが資産分散**です。

　円安、円高、インフレ、デフレ……。経済は生き物のように変化して
いきます。これらの変化は、あなたの資産に大きな影響を及ぼします。
しかし、それがいつ、どのような形で襲ってくるのかは、誰にもわかり
ません。

　円高　　　→円資産の価値が上がる

　円安　　　→外国資産の価値が上がる

　インフレ →株式や不動産などの価値が上がる

　デフレ　　→現預金や債券などの価値が上がる

　日本人は他の先進国に比べて、個人の金融資産が円預金に偏っている
といわれています。しかし、そろそろ、それは危険であるという認識を
持つ必要があるのではないでしょうか?

　資産形成では、**資産を増やすことと同
時に、資産価値を守るという考え方もと
ても大切です。**いつどのような経済変化
が起きたとしても慌てないように、**資産
を分散しておくこと。これが長期的に資
産価値を守る方法**なのです。

● 経済状況により資産の優位性は異なる

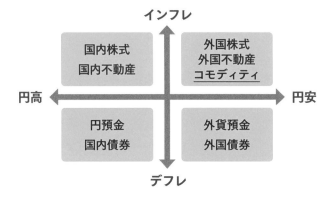

Point

[コモディティ(商品)]
商品のこと。投資の世界では、原油などのエネルギー、金やプラチナなどの貴金属、小麦や大豆などの穀物などの商品に投資をすること。

まとめ

✔ 円高は、円資産の価値が上がり、外国資産の価値が下がる
✔ 円安は、円資産の価値が下がり、外国資産の価値が上がる
✔ インフレ時には、株式や不動産などの価値が上がる
✔ デフレ時には、現預金や債券などの価値が上がる
✔ 資産分散は、経済変化による資産価値の目減りを防ぐ

Question 15
国内外の株と債券に分散投資。
保有期間10年のリターンはどれ？

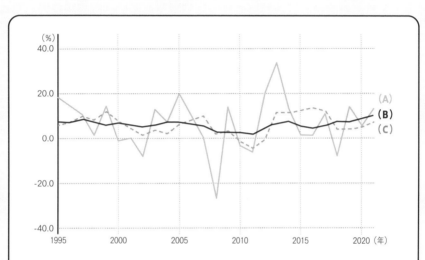

※保有期間5年の1995年の数字は、1991〜1995年の5年間の平均リター
　ンを表す。保有期間10年の1995年の数字は、1986〜1995年の10年間
　の平均リターンを表す。

出典：マイインデックスより作成

グラフは外国株式、外国債券、国内株式、国内債券の4資産に分散投資
し、1年、5年、10年間の保有期間別リターンを表したものです。では
10年間保有した場合のグラフは、①〜③のうちどれでしょうか？

① ブレ幅が最も大きい（A）
② ブレ幅が最も小さい（B）
③ ブレ幅が（A）と（B）の中間の（C）

答えは次のページへ 👉

② ブレ幅が最も小さいのが10年リターン

保有期間が長くなればなるほど、リターンは平均化されるため、ブレ幅（リスク）は小さくなります。

▶ 資産分散、10年保有すればいつ始めてもプラスに

　資産分散投資は、資産全体の平均リターンに対するブレ幅＝リスクを小さくしてくれる投資手法です。では、その保有期間によって、リターンはどのように変化していくでしょうか？

　97ページのクイズのグラフは、外国株式、外国債券、国内株式、国内債券の4資産に25％ずつ、つまり、100万円のお金があれば、4つの資産に25万円ずつ保有した場合の、保有期間別リターンを表しています。期間は1年、5年、10年間です。ここでは97ページの折れ線グラフを棒グラフに変え、個別に見てみましょう。

● 保有期間1年のリターン

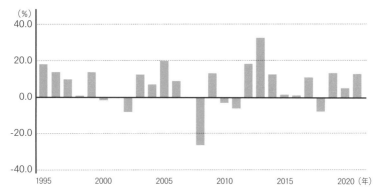

● 保有期間5年のリターン

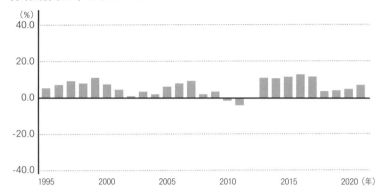

● 保有期間10年のリターン

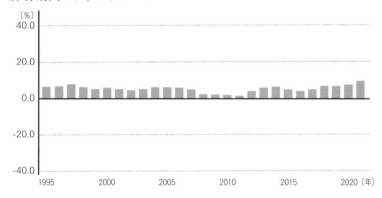

出典：マイインデックスより作成

※外国株式：MSCIコクサイ・インデックス（円）、外国債券：FTSEシティグループ世界国債インデックス（円）、日本株式：TOPIX（配当込）、日本債券：野村BPI総合の4つに分散投資した場合

　各グラフを比較すると、次のようなことがわかります。

◆保有期間1年のリターン

- 資産分散しても、1年という短期では、リターンのブレ幅は大きい
- リーマンショック時（2008年）にはマイナス26％の下落
- 27年間でマイナスは6回

◆保有期間5年のリターン

- 1年リターンに比べ、リターンのブレ幅が小さくなっている
- リーマンショック前後のみマイナスに
- マイナスになったのは3回

長期間で
分散投資すると
成果は安定します

◆保有期間10年のリターン

- リターンのブレ幅が平準化され、安定している
- 27年間、いつ始めてもプラスに

　いかがでしょうか？　「**4つの資産に分散投資し、10年保有したら、いつ始めてもプラスになる**」ということがグラフからわかります。**長期で保有すると、年間のリターンが平準化されるため、リターンが安定し**てくるのです。

　しかし、これはあくまでも過去のデータです。残念ながら、将来も必ず同じようになるかどうかはわかりません。ただ、私たちにできることは、将来を予測して投資するのではなく、**過去のデータを確認し、成功確率の高い方法を学び、それを実行していくこと**ではないでしょうか？

まとめ

✔ 4つの資産に分散投資し、10年保有すればいつ始めてもプラスに

✔ 長期で保有するとリターンが平準化される

✔ 過去のデータを確認し、成功確率の高い方法を実行する

Question 16
バブル絶頂期から日経平均に積立投資をしていたら、今の損益は？

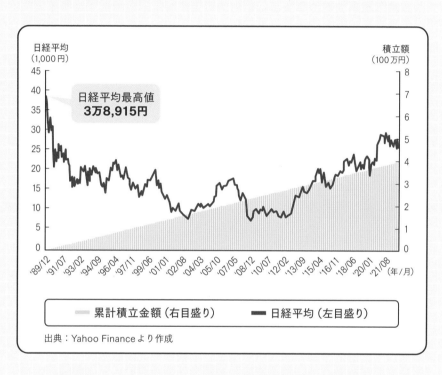

日経平均
(1,000円)

積立額
(100万円)

日経平均最高値
3万8,915円

凡例: ▨ 累計積立金額（右目盛り）　■ 日経平均（左目盛り）

出典：Yahoo Finance より作成

バブル絶頂期の1989年12月末から、日経平均株価に毎月1万円を積み立てた場合、2022年末時点での運用損益はどうなっているのでしょうか？　①～③から選んでみましょう。

① 115万円のマイナス

② 33万円のマイナス

③ 287万円のプラス

答えは次のページへ

③ 2022年末時点で287万円のプラス

日経平均の最高値から毎月1万円を積み立てていたら、2022年末時点で運用益は287万円のプラスになります。

▶ 時間分散とは時期を分けて投資すること

　時間分散投資とは、一度にすべてのお金を投資するのではなく、時期を分けて投資商品を購入していく方法です。毎月一定額を投資する**積立投資**も、時間分散投資の1つです。

　例えば、毎月1万円ずつAという商品を購入するとしましょう。Aの価格が高い時には、1万円では少しの量しか買えません。しかし、Aの価格が下がった時は、同じ1万円でたくさんの量を購入できます。**価格が高い時は少しの量を、価格が安い時にはたくさんの量を購入**する、これを自動的にやってくれるのが、毎月一定額を投資する、積立投資です。

● 時間分散とは時期を分けて投資すること

▶ 日本株は最高値から3割下落、積立は1.7倍に増加

　101ページのクイズの線グラフは、日経平均株価の推移を表しています。日経平均株価はバブル絶頂期の1989年12月末、3万8,915円が最高値。その価格は今でも更新されていません。2022年12月末時点の株価は2万6,095円。最高値から見ると、いまだ7割弱しか回復していません。

> **Point**
>
> ［日経平均株価（日経平均）］
> 日本経済新聞社が日本の代表的な上場企業225社を選定し算出した株価指数。日経225ともいわれる。

　では、最高値から積立投資をスタートした場合、現在の資産額はどうなっているのでしょうか？　毎月1万円ずつ積み立てると、2022年末時点の投資額は397万円です。資産額は……？　なんと約684万円！　資産は1.7倍以上に増えたことになります。

コツコツと
資産を積み上げて
いきましょう

　なぜ、このようなことが起こるのでしょうか？　それは、高い時には少しの量を、安い時にはたくさんの量を購入しているからです。

　資産額は「価格×量（口数・株数）」で計算します。**価格が投資スタート時より下落していても、量が増えていれば資産額は増えます。**時間分散投資は価格下落時にしっかりと買い続けることが大切なのです。

　もちろん、価格が永遠に下落し続ければ、利益は得られません。しかし、世界経済の成長と同時に価格が上昇していくような商品を保有すれば、一時的に下落したとしても、いずれ価格は戻ってきます。

● バブル絶頂期から日経平均に積立投資をしていたら？

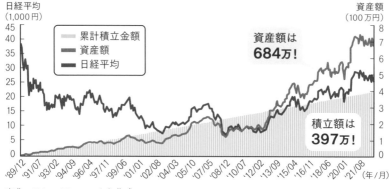

出典：Yahoo Finance より作成

▶ バブル絶頂期に一括投資をしていたらマイナス33％

　もしも、バブル絶頂期にすべてのお金を一度に投資（一括投資）していたら、33年間ずっとマイナスです。2022年末時点では資産も約33％のマイナス。一括投資のパフォーマンスは、投資時の価格に大きく左右されます。価格が半分に下がれば、資産も半分に減ってしまいます。

　もちろん、ずっと右肩上がりの相場であれば、時間分散投資よりも一括投資のほうがパフォーマンスは高くなります。しかし、相場は上下するものです。高値づかみして大きな損失を被らないためにも、時間分散をお勧めします。

まとめ

✔ 時間分散投資とは、時期を分けて投資商品を購入していく方法
✔ 定額積立投資の場合、価格が高い時は少しの量を、価格が低い
　時はたくさんの量を購入する
✔ 資産額＝価格×量。価格が低くても量が増えれば資産額は増える
✔ 一括投資は、投資時の価格に利益が大きく左右される

Question 17
値動きの異なる4つの商品に 積立投資、どれが一番増えた？

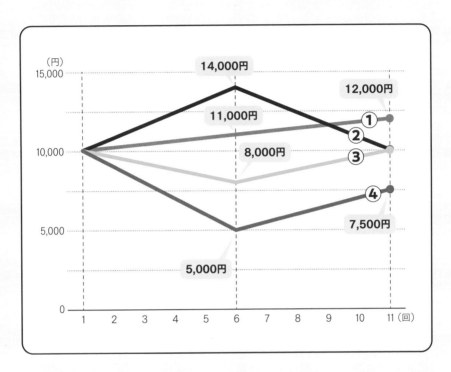

値動きの異なる4つの商品に、それぞれ毎月1万円ずつ11回積立投資を した場合、一番資産が増えたのはどれでしょうか？ ①〜④から選んで みましょう。

① 値動き が1万円→1万1000円→1万2,000円の商品

② 値動き が1万円→1万4,000円→1万円の商品

③ 値動き が1万円→8,000円→1万円の商品

④ 値動き が1万円→5,000円→7,500円の商品

答えは次のページへ 👉

④ 値動きが1万円→5,000円→7,500円の商品

最も資産が増えたのは、下落時にたくさんの量を買えた④です。
価格は回復していませんが、資産額は最も大きくなります。

▶ 積立投資は下落時にパワーを発揮する

　毎月一定額で積立投資をした場合、価格が高い時には少しの量を、価格が安い時にはたくさんの量を購入していきます。通常、運用商品は価格の上がり下がりを繰り返します。価格が下がった時にたくさんの量を購入できれば、価格が反転した時に大きなリターンを得られるわけです。

　105ページのクイズは、4つとも投資総額は11万円で同じです。そして、投資終了後の資産額は下の表のようになります。

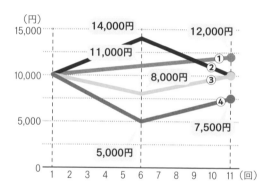

	最終価格	口数（万口）	資産額	順位
①	1万2,000円	10.03	12万399円	3位
②	1万円	9.42	9万4,183円	4位
③	1万円	12.16	12万1,609円	2位
④	7,500円	16.24	12万1,812円	1位

※端数処理により、数字が一致しない場合があります

　④の価格は1万円からスタートして、一度は半値の5,000円にまで下落。その後、7,500円まで価格は戻りましたが、スタート時の価格までは戻っていません。しかし、半値になった時には、同じ1万円で倍の量

を購入しています。結果的に購入できた口数が一番多いため、4つの商品のなかでは一番資産額が増えたのです。

　一見すると、ずっと右肩上がりの❶が、最も利益が得られるように感じるかもしれません。スタート時に一括投資をしていれば、確かに❶が一番利益を得られます。しかし、積立投資では違います。一貫して右肩上がりの相場だと、収益は一度もマイナスにはなりませんが、1万円で購入できる量もどんどん少なくなります。そして、一度下がってたくさんの量を購入し、浮上してきた❸や❹に負けてしまうことがあるのです。

これが
積立投資の
威力です

　下落時にこそパワーを発揮する積立投資。これを知っていれば、価格の下落も、もう怖くないのではないでしょうか？　大切なのは、**下落時に積み立てをやめないこと**なのです。

● **積立投資と一括投資の特徴**

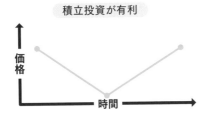

積立投資が有利

価格

時間

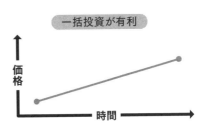

一括投資が有利

価格

時間

▶ **積立投資は、量ではなく額を一定にする**

　時間分散投資には、投資額を一定にする方法（定額購入法）と、量を一定にする方法（定量購入法）があります。この2つの方法のうち、同じ値動きの商品に投資した場合、より利益を得られるのは、定額購入法です。

価格が低い時にたくさんの量を購入するには、投資額を一定にする必要があります。量を一定にしてしまうと、価格が高い時にたくさんの金額を、価格が下がった時に少しの金額を投資することになります。これではパフォーマンスは上がりません。

　積立投資をするなら、量ではなく投資額を一定にすること。ここもポイントです。ちなみに、**定期的に一定額を購入する投資法は、「ドルコスト平均法」**ともいいます。

● 定額購入法と定量購入法

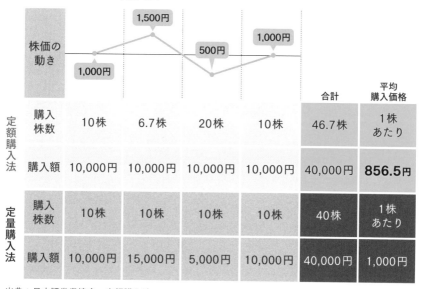

						合計	平均購入価格
定額購入法	購入株数	10株	6.7株	20株	10株	46.7株	1株あたり
	購入額	10,000円	10,000円	10,000円	10,000円	40,000円	**856.5円**
定量購入法	購入株数	10株	10株	10株	10株	40株	1株あたり
	購入額	10,000円	15,000円	5,000円	10,000円	40,000円	1,000円

出典：日本証券業協会　定額購入法

まとめ

✔ 定額の積立投資は、価格が一度下落し戻ってきた場合に効果を発揮
✔ 価格下落時に積み立てをやめない
✔ 積立投資をするなら、量ではなく額を一定にすること
✔ 定期的に一定額を購入することを「ドルコスト平均法」という

Question 18

価格が底をついてから積立投資を始めたほうがよい？

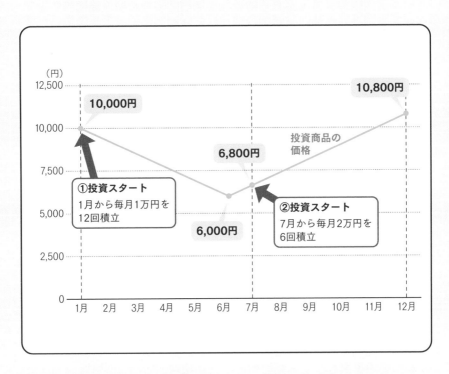

価格が1万円から6,000円に下落後、1万800円に回復した商品があります。①と②の投資総額はともに12万円ですが、投資時期と1回の投資額が異なります。より資産が増えたのは、①と②のどちらでしょうか？

① 1月の価格1万円の時から月1万円の積立投資スタート。すぐに下落したがそのまま積み立てを継続

② 価格が底をついたのを確認し、7月の価格6,800円から月2万円の積立投資スタート。以後右肩上がり

答えは次のページへ 👉

① 価格1万円の時から投資スタート

積立投資の場合、下落相場で底値を待っていると、利益を得られるチャンスを逃すことがあります。

▶ 底値を狙うな！

　保有商品の価格が下がり始めると、誰でも不安になります。相場下落時には、お客様から「一度積み立てをやめ、価格が戻り始めてから再開したほうがよいのではないでしょうか？」
というご質問を受けることがあります。

　さて、積立投資をしていて価格が下がり
始めたら、どうすればいいのでしょうか？

　答えは「続ける」です。

　その商品を今後も持ち続けたいと思っていることが前提ですが、価格が戻ってからまた積み立てを再開しようと思うのであれば、下落時もそのまま積み立てを続けましょう。**下落相場でもコツコツと積み立てを続けること。繰り返しになりますが、これは資産形成ではとても大切なのです。**

　109ページのクイズの例を見てみましょう。今回は同じ商品で、総投資額は同じですが、積立投資を始める時期と金額が異なります。価格は1月に1万円からスタートし、6月には6,000円まで下落、その後12月には1万800円まで上昇しています。

　①は1月の1万円から月1万円の積立投資をスタート。12月まで毎月1万円の積み立てを続けました。投資総額は12万円です。

プロでも
最安値は
見抜けません

②は6月の最安値を確認した後、価格が戻ってきたので月2万円の積立投資を7月からスタート。投資総額はこちらも12万円です。

さて、12月時点の資産額は…？

①…保有口数14.72万口、資産額15万8,976円
②…保有口数13.98万口、資産額15万984円

①の1月から始めたほうが資産額は増えています。

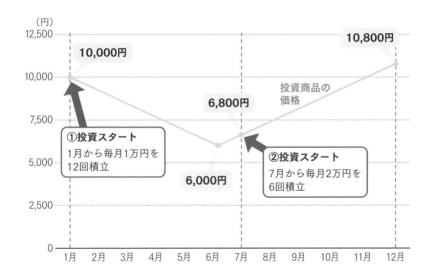

もちろん、価格の動き方が異なれば、結果が異なることもあります。しかし、投資には「頭と尻尾はくれてやれ」という格言があります。毎日ずっと相場を見ている**プロの投資家でも、最安値で買い、最高値で売ることは不可能**です。ましてや、毎日の生活に忙しい現役世代の方が、最安値で購入することなどまず無理でしょう。

また、101 ～ 108 ページでもお話ししたとおり、積立投資では、下落相場は量をたくさん買えるチャンスです。**底値まで待っていると、チャンスを半分失ってしまうことになります。**

▶ 下落時に投資を続けるためにも投資は余裕資金で

　「下落した時にこそ続けることが大事」ということがわかっていても、相場下落時に生活資金が苦しくなってしまっては、安心して運用を続けることはできません。

　相場が大きく下落した時でも資産形成を続けていくためには、預貯金と運用資産とのバランスがとても大切です。

　あくまで投資は余裕資金で行うこと。相場が下落し運用資産額が一時的に少なくなったとしても、相場が回復するまで待てるだけの生活資金を確保しておくことが必要です。預貯金と運用資産とのバランスについては、130ページの3つのサイフを参考にしてみてください。

まとめ

✔ 最安値で買い、最高値で売ることは不可能
✔ 今後も保有したい商品なら、下落時も積み立てを続ける
✔ 底値まで待つことは、量を買えるチャンスを半分失うのと同じ
✔ 下落時でも安心して運用を続けるためにも、投資は余裕資金で行う

Question 19

積立投資、どんな方法がお勧め？

① 若者世代はできる限りたくさんの金額を積立投資

② 退職金の運用は5年程度に分けて積立投資

③ 資産家は1年程度の短期間で積立投資

世代や資産額などによって、お勧めの積立投資のやり方は異なります。正しいと思うものはどれでしょうか。①〜③から選んでみましょう。

① 若者世代はできる限りたくさんの金額を積立投資

② 退職金の運用は5年程度に分けて積立投資

③ 資産家は1年程度の短期間で積立投資

答えは次のページへ☞

② 退職金は5年程度に分けて積立投資をする

積立投資はすべての人に適した投資方法です。しかし、お勧めの投資方法はそれぞれ異なります。

▶ 積立投資は現役世代だけのものではない

積立投資は、定期的な収入が毎月入ってくる、現役世代に適した投資方法、というイメージがあるかもしれません。確かに、毎月の収入からコツコツと投資をする積立投資は、現役世代に適しています。しかし、積立投資は、現役世代だけのものではありません。退職金や資産家の方の運用などにも、ぜひ、利用してほしい投資方法です。ただし、お勧めの投資方法は異なります。ここでは、世代別、資産別の積立投資の方法をご紹介しましょう。

▶ 若者世代は稼ぐ力を付ける努力を

「資産形成はまだこれから！」という**若者世代にとって、毎月の収入から少しずつ積み立てていく積立投資は、とても適した投資方法**です。現役で稼ぐ時間が長いため、長期間積み立てることができ、**複利効果も大きく**なります。1万円でも2万円でもよいので、収入の一部を積立投資に回す仕組みをつくっていきましょう。

自分の収入を自分のためだけに使える時期は、貯め時です。将来、やりたいことができた時にそれを実現できるよう、今からその資金を少しずつ準備しておくことをお勧めします。

ただ、若者世代は金融資産を作ることも大切ですが、**人的資本を高めることもとても大切です。人的資本とは「自分自身の稼ぐ力」**のことです。世の中は、とても速いスピードで変化しています。このスピードは衰えることはなく、ますます速くなっていくでしょう。これからは、そ

の変化に対応していくための自分なりの術（すべ）を見付けるために、自己投資することも重要です。資格を取る、興味のある分野の知識を深める、人脈を広げる、海外に行く……。多少失敗しても大丈夫。若い時の経験は、よいことも悪いことも、必ず、将来のあなたの役に立ちます。そして、それが次のステップにつながります。ただし、自己投資をするにもお金が必要です。その時のために少しずつでもよいので、毎月積立投資をしていきましょう。

　稼ぐ力を高めるには、まず自分の強み、得意分野を見つけることです。何に興味があるのか、何が人より得意なのか、ぜひ、自分自身をじっくりと観察してみてください。家族や友人などに「自分の強みはどこか」と聞いてみるのも効果的です。自分のよさは案外自分ではわからないもの。人から客観的な意見をもらうと、新しい気付きがあるかもしれません。

　少しずつ積立投資で資産形成をしながら、同時に自己投資をして稼ぐ力を高めていく。これができれば、将来こわいものなしです。

▶ 40〜50代はゴールから逆算し資産形成を

　40〜50代になれば、ライフプランもある程度固まってきていることでしょう。この先どのくらい稼げるのか、いつの時点でどのくらいの費用が必要か、なども見えてくるはずです。今後のライフプランのなかから、やりたいこと、それにかかる費用などを整理し、実現したいことの優先順位を付けてみましょう。

　1章を参考に、毎月の収支からいくら積立投資に回せるのかも確認してみましょう。そして、毎月定額の積立投資をし、現役時代が終わるまで続けていきま

65歳をゴールに
資産形成を考えても
いいでしょう

す。65歳を定年とすると、40歳
からスタートしても25年、50歳
からスタートしても15年間あり
ます。まだまだ資産を積み上げる
ことができます。53〜56ページ
のように、**リタイアまでにどのく
らいの資産を築きたいのか、ファ
イナンシャル・ゴールを考え、ゴー**
ルから逆算をして資産形成をしていくとよいでしょう。

　また、子育てが終わったら、積立額の増額も検討してみてください。
この時期が資産を増やすラストチャンスです。ここでどれだけ資産を増
やせるかで、リタイア後の資産が大きく変わります。

▶ 退職金は一度に投資に回さない

　リタイア世代で一番頭を悩ますのが退職金の運用でしょう。一度に大
きな資産を手にし、どうしていいかわからないという方も多いのではな
いでしょうか？

　1,000万円以上のお金が銀行預金に入金されると、すぐに銀行から投
資勧誘の電話がかかってきます。しかし、言われるがままに商品を一括
で買うのはNGです。133〜136ページでも説明しますが、金融機関は
商品販売窓口であることを忘れてはいけません。資産運用の相談にのっ
てくれるかもしれませんが、最終目的はあなたに商品を売ることです。
より多くの商品をあなたに買ってもらいたいのです。残念ながら「積み
立てで少しずつ買っていきしょう」というアドバイスは受けられません。

　大きな資産を手にした時に大切なことは、一括では投資しないこと。
一括で投資をすると、運用益がその時の価格に大きく影響されます。今
が高いか安いかは今はわかりません。とくに投資経験がない方は、一括

で投資をし、その後相場が下がった場合、精神的なダメージが大きくなります。

　退職金の運用は、生活資金と運用資金とに分け、**運用資金は５年程度の期間に分けて時間を分散し、投資に回していきましょう。**定額で積み立てていけば、一時的に相場が下がったとしても、その時たくさんの量を購入できるため、その後相場が戻った時のリターンが大きくなります。

　また、リタイア世代は資産を取り崩していく時期に入っていきます。１年間でどのくらいの資産を取り崩していくのかを計算し、**取り崩す金額の５年分は預貯金で確保**しておくと安心です。

▶ 資産家も、資産を最長５年に分けて積立投資

　預貯金が豊富な資産家の場合は、生活に必要な金額を預貯金で確保し、運用資産と分けて管理していきます。

　資産家の方にも、**５年程度の積立投資は有効**です。まだ**現役の方であれば、２年程度**でもよいかもしれません。あまり**積立期間を長くしてしまうと、預貯金で遊ばせている資産が多くなり、投資効率が悪くなります。**日本の景気循環は約４年半、米国は約６年といわれています。５年の間に不景気に入り相場が下落すれば、たくさんの量を購入することができます。また、下落時に積立額を増やし、預貯金から運用資金に動かす時間を短縮できれば、よりパフォーマンスを上げることもできます。

● 5,000万円の預貯金のうち、4,000万円を運用に回す場合

4,000万円 ÷ 5年 = 800万円 →年間の積立額	800万円 ÷ 12月 = 66.6万円 →月の積立額

- 毎月66.6万円を5年間、積み立てていく
- 相場が下落したら、投資額を増やし、積立期間を短縮する

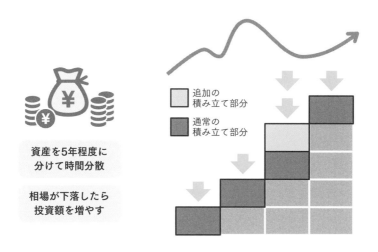

資産を5年程度に
分けて時間分散

相場が下落したら
投資額を増やす

追加の
積み立て部分

通常の
積み立て部分

　しかし、実際にコンサルティングをする際には、お客様のご希望をお聞きし、投資方法を決めていきます。「将来、世界経済は成長する」と考えるなら、預貯金を早く運用に回したほうがよいという考え方もあるからです。お客様の年齢や性格、考え方により、投資方法は異なります。

　また、自分だけでは使いきれないほどの資産がある方は、そのお金をどう有効活用していけばいいのかも、ぜひ考えてみてください。お金は使ってこそ価値が生まれます。自分のためだけではなく、世の中に役立つお金の使い方を考えてみるのも素敵ですね。

まとめ

- ✔ 若者世代はやりたいことを実現するために今から積立投資
- ✔ 若者世代は稼ぐ力を高めるための自己投資も大事
- ✔ 40〜50代はゴールから逆算し、毎月の積立額を決める
- ✔ 退職金、資産家の運用は最長5年に分けて積立投資
- ✔ 資産家の方は、有効なお金の使い方を考えることも大切

国もやっている資産分散

　私たちが支払っている年金保険料も、分散投資をしながら運用されています。

　日本の年金制度では、現役世代が支払う保険料や税金などで今の高齢者の年金給付を行っています。そして、年金給付に回らなかった部分は年金積立金として、GPIF（年金積立金管理運用独立行政法人）という機関が運用しています。

　GPIFが現在行っているのが、まさに長期分散積立投資です。2010年頃までは国内債券が7割というかたよった配分でしたが、少しずつ外国資産を増やしてきました。そして、2020年4月からは、国内債券、国内株式、外国債券、外国株式の4つの資産に各25%ずつ資産配分し運用しています。2001年からの運用実績を見てみると……？　平均リターンは3.38%。運用収益は約100兆円！　なかなかの数字ですよね。

　GPIFの運用方法も私たちの資産形成の参考になるのではないでしょうか？

| 収益率：＋3.38%（年率） |
| 収益額：＋98.1兆円（累積） |

累積収益額

＋98兆1,036億円

出典：GPIF

保険と手数料の高い投資信託を見直し、効率のよい資産形成に（50代夫妻）

▶ 60代を目前に、資産の見直しを

　ちょっとお金の管理が苦手……というＣさん夫妻。共働きで、子どもはなし。2人とも仕事が大好きで、「一生仕事をしていきたい」とのこと。しかし、60代を目前に「今後のことも真剣に考えなければ……」とご相談にいらっしゃいました。投資信託もいくつかお持ちで、資産運用はしているとのこと。しかし、商品を詳しく見てみると……。

プロフィール　・50代、既婚　・共働き、子どもはなし

Ｃさん夫妻の資産状況

- 預貯金等…1,720万円（預貯金380万円、運用資産1,340万円）
- 保険………**世帯主**：終身保険、介護保険、収入保障保険など計5本（死亡保険金計1,000万円／解約返戻金600万円）

　　　　　　配偶者：終身保険、医療保険など計5本（死亡保険金1,800万円／解約返戻金1,200万円）
- 不動産……自宅：8,000万円（概算）／住宅ローン900万円

（単位：万円）

資産		負債	
現金・貯金	380		900
保険	1,800		
先進国債券	40		
先進国株式	1,300	純資産	
国内不動産（自宅）	8,000		10,620
総資産	11,520		11,520

Cさんのご希望は次のようなものでした。

資産のなかで
保険が多い
ですよね

- お金の管理をきちんとしたい
- 保険はこれでよいのか？
- 資産運用はこれでよいのか？
- マンションは今後どうすればいいのか？

　資産が保険に偏っていることを気にされて
いるご様子。また、運用も、証券会社に勧め
られた商品を購入しており、これでよいのかわからないとのことでした。

▶ 金融資産は100歳まで大丈夫！

　そこでまずは、現状分析です。キャッシュフロー表（CF表）を作成し、今後のお金の流れを確認しました。2人とも専門の技術・知識をお持ちなので、70歳まで仕事を続ける前提（65歳以降の収入は、世帯主〈会社員〉は半減、配偶者〈自営業〉は1割減と仮定）とします。保有していた運用商品はほとんど増えていないとのことだったので、現状分析では利回り0％としています。住宅ローンは65歳で完済予定なので、こちらは安心です。結果は、今のままの生活を続けたとしても、100歳まで金融資産は尽きずに生活できることがわかりました。

● 相談時のCF表

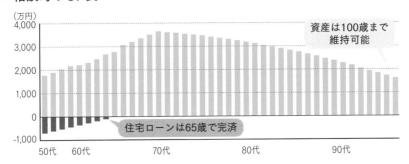

▶ 過剰な死亡保険を見直し

「今のままでも大丈夫！」ということがわかり、まずは一安心です。しかし、「リタイア後も、より余裕を持った生活をしていきたい」とのご希望もあり、保有している金融商品を見直すことにしました。

まずは、Cさんも何となく気になっていた保険です。「2人で10本もの保険はどうなのだろう？」と感じていたものの、どうしていいかわからなかったとのことでした。

一般的に、**共働きで子どもがいない場合は、死亡保険はほとんど必要ありません**。ただしCさんの場合、配偶者の将来の年金がやや少なかったので、世帯主の終身保険と介護保険は残し、70歳で満期になる収入保障保険のみを解約しました。配偶者の保険は、介護保険と医療医療を残し死亡保険はすべて解約。解約返戻金を自分たちで運用していくことにしました。

▶ 手数料が高い投資信託を見直し

もう1つ気になっていたのが、投資信託です。Cさんは、1,300万円もの外国株ファンドを保有していました。しかし、そのすべてがテーマ型アクティブファンドでした。**テーマ型ファンドは旬が過ぎると下落することが多く、長期投資には向いていません**。また、アクティブファンドなので、手数料が高い傾向にあります。案の定、Cさんが保有していた投資信託も、購入時手数料は3.3

● **保有していた投資投資信託一覧**

投資信託の種類	購入時手数料	運用管理費用（信託報酬）
通信関連系ファンド	3.3%	1.8%
先進医療系ファンド	3.3%	1.8%
環境系ファンド	3.3%	1.8%
ITテクノロジー系ファンド	3.3%	1.8%
ITテクノロジー系ファンド	3.3%	2.5%

％、運用管理費用は年1.8～2.5％と手数料がとても高いものでした。しかも、パフォーマンスもいまいちです。

アクティブファンドが一概に悪いとはいいません。**アクティブファンドを選ぶのであれば、少なくとも過去3年程度の実績を確認し、市場平均を上回っている実力のあるファンドを選ぶようにしましょう。**きちんと選ぶ理由があるのであれば、それでよいと思います。ただCさんは、コスト面などを考えて、運用管理費用が年0.1％前後のパッシブファンドに変更することを選択されました。

この時点で、保険を除いた金融資産1,720万円と解約した保険の解約返戻金1,200万円を合わせて、金融資産が合計2,920万円になります。また、収支も見直し、毎月11万円の積み立てができるということがわかりました。**これらの情報を基に短期、中期、長期の3つのサイフに整理。短期資金として500万円を預貯金で保有し、残りの2,420万円は長期資金として運用することにしました。**

お2人とも70歳まで働く予定なので、2,420万円の金融資産は2年間の時間分散投資を行うことにしました。そして、収支からの月11万円の積み立ても、65歳までは続ける予定です。

▶ リタイア後の人生により、自宅をどうするのか考える

現在のCさんの全資産を見ると、自宅マンションが資産の6割以上を占めています。Cさん自身は「仕事をしている間は便利な都心にいたいけど、その後のことは今はわからない」とのこと。

都心にマンションを保有している場合、資産の大半が不動産というケースも多く見られます。その場合、その住まいをどう生かしていくのかにより、将来の資産形成が大きく変わってきます。50代になると、

相続も身近な問題になります。「実家を引き継ぐ可能性あるのか」など総合的に考えて、この先の住まいについて考えていく必要があります。

　また、「リタイア後、どうしたいですか？」とお聞きすると、「わからない」という方がとても多いです。人生100年時代、リタイア後の時間もとても長くなっています。**この先、どこで、誰と、どのような生活をしたいのかなどを、ぜひ主体的に考える癖をつけてください。そうすることで、リタイア後の人生も、より豊かになるはずです。**

● Cさんが実践してきた資産形成
　• この先どうしたいのかをご夫婦で相談、整理
　• 保有資産を確認し、見える化
　• CF表を作成し、将来の資産推移を見える化
　• 保険商品を見直し、資産を最適化
　• 保有している運用商品を見直し、効率化
　• 3つのサイフを整理
　• 余裕資金の積立投資、毎月100万円の積立投資を2年間継続
　• 家計を見える化し、毎月11万円の積立投資をスタート
　• つみたてNISAのスタート
　• iDeCoのスタート

● Cさんの相談時からの金融資産推移

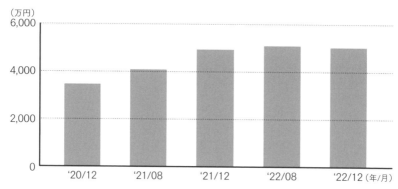

Summary

投資の原理原則を理解し
ブレないことが大切!

　3章では、投資の原理原則のお話をしました。投資の原理原則を理解すれば、ブレずに資産形成を続けることができます。周囲のさまざまな雑音にも惑わされなくなります。資産形成を成功させるためにも、3章の内容をしっかりと理解し、効率よく資産形成していきましょう。

▶リターン±2リスクを確認する

- リスクとは平均リターンに対するブレ幅のこと
- リスクを取らなければリターンは得られない
- 「リターン±1リスク」の範囲に収まる確率が68%
- 「リターン±2リスク」の範囲に収まる確率が95%
- 「リターン−2リスク」の損失に耐えられるかを確認する

　リターンとは、過去の値動きの平均値のこと。リスクとは、平均リターンに対するブレ幅のことをいいます。高いリターンを得たいなら、リスクを受け入れなければいけません。

　例えば「リターン5%、リスク10%」の投資をしようと思った時には、「マイナス15%、プラス25%のリターンのブレは起こりうる」ということ。「リターン−2リスク」、つまり「マイナス15%」の損失が心理的に耐えられるのか、ということを確認するようにしましょう。

▶資産分散でリスクを小さくする

- 資産分散とは、値動きの異なる資産に分けて持つこと
- 資産分散をすると、各資産の値動きが相殺（そうさい）され、資産全体のリスクが小さくなる

- 経済状況の変化に対応するためにも、資産分散は大事

　資産分散投資とは、国内外の異なる資産に分けて運用することです。長期的に安定的に資産形成をしていくうえでは、とても大切な考え方です。
　円安時やインフレ時には、預貯金だけでは資産価値は目減りしてしまいます。外国の資産やインフレ時に一緒に価格が上昇する株式などに資産分散することで、資産全体の価値を維持することができます。

▶相場下落時こそ、時間分散

- 時間分散とは、投資するタイミングを分けること
- 積立投資は定額でやる
- 積立投資は、価格が高い時は少しの量を、価格が低い時にはたくさんの量を自動的に購入できる
- 価格下落時こそ、積立投資のチャンス

リスクの許容度と
資産分散、
時間分散が鍵です

　購入のタイミングに悩むことなく、資産形成ができるのが積立投資です。また、定額で積立投資をすることにより、価格下落時にはたくさんの量を購入できます。「資産額＝価格×量」です。価格ばかりに目がいきがちですが、量をたくさん買うということも資産額を増やす大切なポイントです。

　また、積立投資は、あらゆる世代で利用できます。現役世代は、時間を味方に付けることが大切です。退職金運用や資産家の方は、5年が1つの目安です。

　自分に合った積立投資をして、豊かになりましょう！

〔 復習問題 〕

1 運用におけるリスクとは、何を意味するのでしょうか？ 正しいものを選んでみましょう。

　　A. 価格のブレ幅　B. 倒産すること　C. 損をすること

2 リターンとリスクの関係性について、正しいものはどれでしょうか？

　　A. リターンが大きければ、リスクは小さくなる
　　B. リターンが大きければ、リスクは大きくなる
　　C. リターンが小さければ、リスクは大きくなる

3 資産分散投資について、正しいものはどれでしょうか？

　　A. リターンを大きくする
　　B. リスクを大きくする
　　C. リスクを小さくする

4 円預貯金だけを持つリスクには、どのようなものがあるのでしょうか？ 正しいものを選んでみましょう。

　　A. インフレ時に資産価値が目減りする
　　B. デフレ時に資産価値が目減りする
　　C. 円高時に資産価値が目減りする

5 時間分散投資について、正しいものはどれでしょうか？

　　A. 定量購入のほうがリターンは高くなる
　　B. 価格が下がると多くの量を買うことができる
　　C. 右肩上がりの相場では、時間分散が効果的

6 時間分散投資について、正しいものはどれでしょうか？

　　A. 現役世代のみに適した運用方法である
　　B. 退職金運用には利用すべきでない
　　C. 資産家は最長5年程度の時間分散投資をするとよい

答えは191ページ →

4章

運用実践編

この章では、商品の選び方、そして、非課税制度について確認していきます。2024年から始まる新NISAについても、しっかりと見ていきましょう。

預貯金と運用額のバランスは どうすればいいの？

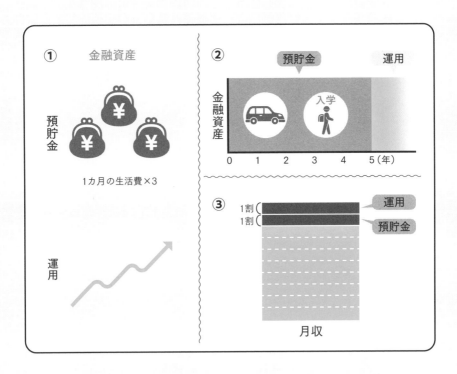

現役世代はどのくらいの預貯金を確保し、どのくらいを運用すればよいのでしょうか？　①～③から正しいと思うものを選んでみましょう。

① 預貯金を生活費の3カ月分確保し、あとは運用する

② 5年以上使う予定のないお金を運用する

③ 月収の1割ずつを預貯金と投資に振り分ける

答えは次のページへ ☞

② 5年以上使う予定のないお金を運用しよう

現役世代は、毎月の支出額の6カ月〜1年分は預貯金で持ち、5年以上使う予定のないお金を運用しましょう。

▶ 月の支出額の6カ月〜1年分は預貯金で持つ

「運用はお金がたくさん貯まってから始めるもの」と思っていませんか？　そんなふうに考えていては、いつまでたっても運用を始められません。その間に、現役で稼げる時間、そして、複利効果を得られる時間は、どんどんと短くなっていきます。

「3つのサイフ」という考え方をご存じでしょうか？　お金を短期・中期・長期の時間軸で、3つのサイフに分けて管理すれば、安心して資産運用を始めることができます。

● 3つのサイフ

	時間軸	種類	内容	資産の種類
①	**短期資金**	生活費＋緊急時のためのお金	月の支出額の6カ月〜1年分が目安。ここの確保は最優先	預貯金
③	**中期資金**	5年以内に使う予定のあるお金	住宅購入の頭金や学校の入学金など、生活費以外で使う予定のあるお金。使う時期までに積立預金などで用意してもよい	預貯金 国債 保険
③	**長期資金**	5年以上使う予定のないお金	分散投資で運用	運用資産

• 1つ目のサイフ：短期資金

　1つ目のサイフは、**生活費、そして、緊急時のためのお金**を入れます。まずは、ここを最優先で貯めましょう。短期資金は、**毎月の支出額（家賃や住宅ローンなども含む）の6カ月〜1年分が目安です。**支出額が月20万円なら120〜240万円、月30万円なら180〜360万円です。自営業の方や雇用が安定していない方は1年分を用意してください。

　短期資金は、運用をせずに預貯金で保有します。そして、必要な時にはすぐに現金化できるようにしておきましょう。

Point

[国債]
国が発行する債券。個人向け国債などが一般的。個人向け国債には期間が3年、5年、10年の3種類があり、3年、5年が固定金利、10年が変動金利。低金利の今なら固定金利ではなく、10年の変動金利がお勧めです。

▶ 5年後までを考えて、中長期資金を用意する

• 2つ目のサイフ：中期資金

　2つ目のサイフには、5年以内に使う予定のあるお金を入れます。例えば、住宅購入のための頭金や、子どもの学校の入学金など、毎月の生活費以外から支出するまとまったお金をイメージするとわかりやすいかもしれません。

　すぐに準備することが難しくても、使う時期までに用意できれば大丈夫です。中期資金は、「確実に貯めていく」「減らさない」という視点が大切です。積立定期預金などで少しずつ準備していきましょう。

• 3つ目のサイフ：長期資金

　3つ目のサイフには、5年以上使う予定のないお金を入れます。この

お金で収益性を求めて資産運用をしていきます。資産分散、時間分散をしながらコツコツと資産を積み上げていきましょう。

このように3つのサイフに分け、短期資金と中期資金をしっかりと預貯金などで確保していれば、資産運用で万が一相場が大きく下落しても、回復するまで待つことができます。このやり方であれば、40代、50代はもちろん、60代でも、リタイアしても、安心して資産運用を続けていくことができます。

▶ いきあたりばったりで運用をしない

「ボーナスが100万円入ったので、何で運用したらいいですか？」と質問をされても、残念ながら正しく答えることはできません。その100万円が、あなたの3つのサイフのどこに入るお金なのかにより、答えはまったく異なるからです。

資産形成は、思い付きでやっても大きな成果は得られません。100万円を運用して数万円の利益を得たとしても、お金の不安はいつまでたっても消えないですよね。お金の不安から解放されるためにも、お金を時間軸で3つのサイフに分けて、3つ目のサイフで長期運用していけば安心です。

まとめ

- ✔ お金は3つのサイフに分けて管理する
- ✔ 生活費＋緊急時のためのお金は預貯金で。月の支出額の6カ月～1年分が目安
- ✔ 5年以内に使う予定のあるお金は預貯金などで保有
- ✔ 5年以上使わないお金で資産運用する

お金の相談は、どこですればいいの？

② 独立系ファイナンシャルプランナー（FP）に相談

① 銀行や証券会社の窓口に相談

③ 友達に相談

お金の相談をするとしたら、誰に相談したらよいのでしょうか？ ①〜③から正しいと思うものを選んでみましょう。

① 銀行や証券会社など金融機関の窓口で無料で相談する

② FPなどの専門家に有料で相談する

③ 友達に相談する

答えは次のページへ

② FPなどの専門家に有料で相談する

きちんと対価を支払わなければ、優良な情報は得られません。
あなたのことを第一に考えてくれる専門家に相談しましょう。

▶ 金融機関は、相談窓口でなく販売窓口

お金の相談というと、「金融機関の窓口」を思い浮かべる方も多いのではないでしょうか？

確かに、銀行や証券会社では、無料セミナーや無料相談を積極的に行っています。ではなぜ、わざわざ無料で、そのようなことをやっているのでしょうか？　ビジネスとしてやるからには必ず理由があります。

銀行や証券会社にとって、あなたが購入する商品の手数料は大きな収入源の1つです。つまり、**金融機関はあなたの相談窓口ではなく、投資商品の販売窓口なのです**。金融機関も株式会社ですから、利益を上げて社員に給与を支払っていかなければなりません。金融機関が儲けるには、手数料を稼いでいかなければならないのです。

● 金融機関と顧客の関係

　しかし、**投資する側としては、手数料はできるだけ抑えたほうがいいですよね。ここに利益相反が生まれます**。ただ、これは今の日本の金融システムでは避けられないこと。私たちは、この事実を理解したうえで、金融機関とお付き合いをしていくことが大切です。

▶ 安価でサービスを提供するFPにも注意

　ぜひ、「ファイナンシャルプランナー（FP）に相談してください」と言いたいところですが、ここにも注意が必要です。

　まず、**FPには企業系FPと独立系FPがいます**。企業系FPとは、銀行や証券会社、保険会社などに所属するFPのこと。お給料を会社から受け取るので、会社の利益のために働かなければなりません。残念ながら、あなたのために働いてくれるわけではありません。

　もう1つは独立系FPです。こちらは、自分でFP事務所を開設し、コンサルティングを行っている人たちです。独立系FP事務所に雇用されているFPも、独立系FPといえます。

FPと
いっても
いろいろな
人がいます

　さらに、**独立系FPには2つのタイプがあります。1つはお客様からの相談料（フィー）を収入源としているFP。もう1つは、商品販売手数料（コミッション）を収入源としている**FPです。

　相談料が安いのは、コミッションを収入源としているFPです。なぜなら、コミッションが金融機関から入ってくるので、フィーを取らなくてもビジネスになるからです。もちろん、コミッションベースのFPでも、お客様の利益を第一に考え、仕事をしている方もいます。コミッション

を得ることが悪いわけではありません。ただ、コミッションがメインの収入源の場合は、コミッションを得ていかなければ仕事を続けられません。どうしても「商品を売りたい、手数料を得たい」という気持ちが働いてしまうのはしょうがないことです。

　一方、フィーが収入源であるFPの相談料は、どうしても高くなりますが、不必要な商品に誘導するようなアドバイスはしません。弁護士が依頼者のために全力を尽くすのと同じように、フィーを支払ってくれるお客様のために働きます。

　選ぶのはあなたです。「お金の相談をしたいな」と思った時の参考にしていただければうれしいです。

▶ 友達とあなたは違う

　友達にお金の相談をする場合も、注意が必要です。まず、友達とあなたは、家族構成も、収入も、資産額も、性格も、これからやりたいことも、違いますよね？　130〜132ページでお話しした3つのサイフの内容も違うはずです。参考程度であればいいかもしれませんが、まねをするのは危険です。

まとめ

- ✔ 金融機関は相談窓口ではなく、商品の販売窓口
- ✔ 無料サービスは、どこから利益を得ているかを考えよう
- ✔ 独立系FPは、収入源がフィーベースとコミッションベースに分かれる
- ✔ コミッションベースのFPは相談料が安く、フィーベースのFPは相談料が高い
- ✔ 友達からのアドバイスは参考程度に

Question 22
外貨建て保険のメリットは何？

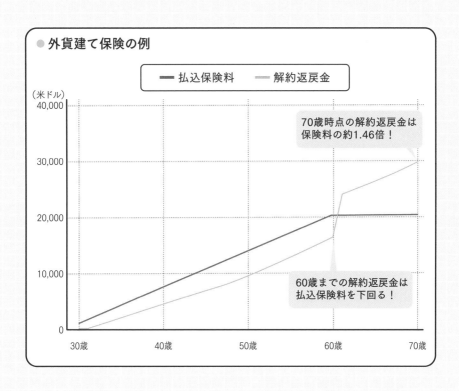

● 外貨建て保険の例

—— 払込保険料　　—— 解約返戻金

（米ドル）

70歳時点の解約返戻金は
保険料の約1.46倍！

60歳までの解約返戻金は
払込保険料を下回る！

縦軸: 40,000 / 30,000 / 20,000 / 10,000 / 0
横軸: 30歳　40歳　50歳　60歳　70歳

外貨建て保険のメリットにはどのようなものがあるでしょうか？　①〜③から正しいと思うものを選んでみましょう。

① 利回りが高く、資産運用に向いている
② 外国の資産を持てるので、資産分散には最適
③ 相続税対策に使える

答えは次のページへ ☞

③ 相続税対策に使える

外貨建て保険はコストが高いため、資産運用には適していません。しかし、相続税の非課税枠を使った相続税対策には有効です。

▶ 外貨建て保険で資産運用はしない

外貨建て保険とは、払い込んだ保険料が外貨で運用される保険のこと。保険料は米ドルなどの外貨で支払い、万が一の時に受け取る保険金や解約返戻金も外貨で受け取るのが一般的です。円建て保険よりも利回りが高いため、資産運用の1つとして勧められるケースも多いようです。

では、外貨建て保険で資産運用をするのは、賢い資産形成といえるのでしょうか?

私はお勧めしません。**保険と運用は切り離して考えましょう。**
まず、外貨建て保険のおもなデメリットは、3つあると考えています。

外貨建て保険のデメリット
　①コストがとても高い
　②現金化しにくい
　③利回りはそれほど高くない

まず①のコストです。**外貨建て保険で運用する場合は、「保険会社に支払うコスト」と「運用会社に支払うコスト」のダブルでコストがかかります。** あなた自身のための運用に回るのは、保険料からそれらのコストを差し引いた後の金額です。投資信託で直接同じような投資対象の商品を購入したほうが、圧倒的にコストは安くなります。

もう1つは、②の現金化しにくいということです。外貨建て保険を短

期間で解約する場合には、元本割れするのが一般的です。商品によっては加入後数十年たっても、解約時に元本割れするものもあります。

　このように**現金化したくてもできない、また大きなコストがかかること**を「**流動性リスク**」といいます。**保険の場合はこの「流動性リスク」がとても高いのです。**

　「資産分散にも最適です！」と外貨建て保険を勧められるケースもあります。しかし、資産分散を目的として円以外の資産を持ちたいのであれば、外国株式や外国債券などの投資信託を利用したほうが、コスト面、利回り面で効率的です。単純に外貨預金を持つという方法もあります。そのほうが大きなペナルティなく、いつでも引き出すことができます。

▶ 実質的な利回りは1〜2％が多い

　最後に③の利回りです。20年で1.5倍の利益が得られる商品Aと、40年で1.5倍の利益を得られる商品Bとでは、あなたはどちらを選びますか？　もちろんAですよね？　時間を考慮した利回りとしてはIRR（内部収益率）という指標があります。**投資を考える場合は、その利益を得るために費やした時間も考慮に入れる必要があります。**

　次ページのグラフは、お客様が実際に保有されていた保険の例です。30歳で加入し60歳で払込完了。70歳時点での解約返戻金が1.46倍になるというものでした。40年後に1.46倍と聞くと、一見利回りがよいと感じるかも知れません。しかし、そこには40年間というとても長い時間がかかっていることを忘れてはいけません。これを時間を考慮した利回り（IRR）で見

ると、たったの1.5%です。しかも、30年以内に解約すると、確実に元本割れするわけです。このように、投資という視点から見た場合は、自由度、コスト面、利回り面から見て、外貨建て保険で運用するメリットは少ないと考えます。

［IRR（内部収益率）］
お金の時間的価値を考慮して計算した利回りのこと。100万円を投資して
①3年後に150万円になる場合と、②5年後に150万円になる場合のIRRを
比較すると、①のIRRは14%だが、②のIRRは8%になる。

● 外貨建て保険の例

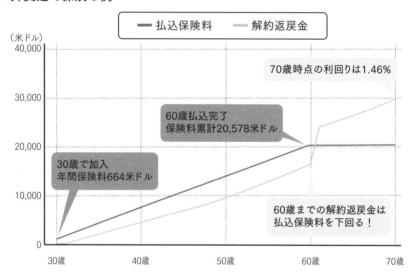

死亡時のリスクに備えるなら収入保障保険を

保険を検討する時には、「公的な保障や自己資金ではカバーしきれないリスクに対して、保険でカバーする」という考え方が大切です。例えば、子どもがまだ幼いうちに、世帯主が亡くなったりしては大変です。

保険商品を検討する時には、「何のリスクをカバーしたいのか」を明確にするようにしましょう。そして、そのリスクをカバーしてくれるシンプルな商品を選ぶことが大切です。

　外貨建て保険は、被保険者に万が一のことがあれば死亡保険金が支払われます。では、世帯主の死亡時のリスクをカバーする保険として、外貨建て保険は適しているのでしょうか？

　残念ながら、このようなケースでもお勧めしません。**世帯主死亡後の家族の生活を支えるための保険としては、より保険料が安い、<u>収入保障保険</u>のほうがお勧めです**。年金のように毎月一定額を受け取ることができるので、残された家族にとっても安心です。収入保障保険の契約例を見てみましょう。

> **Point**
>
> ［収入保障保険］
> 被保険者が死亡または高度障害となった時に、保険期間が終わるまで保険金を毎月一定額、受け取ることができるもの。保険金総額は、早く死亡すれば多くなり、保険期間終了間近に死亡すれば少なくなる。

収入保障保険の契約例

- **被保険者（世帯主）：30歳**
- **保険期間：被保険者が60歳まで**
- **保険料：月2,000円前後**
- **保険金：万が一の時には毎月10万円を受給**

この契約例の場合、被保険者（世帯主）の死亡時などに、被保険者の年齢が60歳になるまで、毎月10万円を受け取ることができます。**必要な時に必要な分だけを保険で補うのが、賢い保険の使い方**です。

▶ 相続税対策として利用する

　しかし、外貨建て保険にも使い方はあります。その1つが相続税対策です。相続税には生命保険の非課税枠というものがあります。相続人が受け取った死亡保険金は、一定額まで相続税を課税しないというものです。非課税枠は以下の式で計算します。

死亡保険金の非課税枠＝500万円×法定相続人の数

　例えば、相続人が3人の場合は、保険金1,500万円までは非課税になります。相続税の非課税枠を使いたいという方は、円建て保険よりも利回りがよい、外貨建て保険を利用して相続税対策をする、という方法はアリだと思います。

Point

［法定相続人］
民法で定められた相続人のこと。配偶者は常に相続人となり、第1順位は子、第2順位は父母、第3順位は兄弟姉妹となる。

まとめ

✔ 外貨建て保険は、コストが2重にかかっている
✔ 外貨建て保険は、現金化しにくいという流動性リスクがある
✔ 外国資産に資産分散をするなら、投資信託や外貨預金のほうがよい
✔ 世帯主の死亡リスクに備えるには、収入保障保険のほうがよい
✔ 外貨建て保険は、相続税対策として利用する

トルコの通貨リラ、過去20年でどんな動きをしてきたの？

● トルコリラ／日本円　過去20年の為替レート推移

出典：investing.comより作成

トルコの通貨リラは、外貨建て債券などでよく使われています。では、20年前の2003年1月に73円だったトルコリラは、2023年1月には何円になっているでしょうか？　①〜③から選んでみましょう。

① 7円

② 57円

③ 96円

答えは次のページへ 👉

① 7円に大きく下落しています

マイナー通貨への投資は要注意。トルコリラはこの20年で9割以上下落しています。

▶ マイナー通貨には投資しない！

　通貨は、米ドルやユーロ、円など、世界での流通量、取引量の多いメジャー通貨とそれ以外のマイナー通貨に分かれます。金融商品として使われるマイナー通貨には、トルコリラや南アフリカランドなどがあります。マイナー通貨は金利が高い場合も多く、高金利を利用した、トルコリラ建て債券、南アランド建て債券など、さまざまな金融商品があります。

Point

[外国債券・外貨建て債券]
外国債券は債券の発行体、発行市場、通貨いずれかが外国であるもの。外貨建て債券は外国債券のうち通貨が外貨のもの。

　しかし、結論からいうと、これらマイナー通貨を利用した金融商品はお勧めしません。なぜなら、為替の動きがとても大きく、予測が不可能だからです。

　次ページのグラフは、トルコリラの過去20年間の対円為替レートです。トルコリラは、2007年10月の99円をピークに大きく下落し、2023年1月時点では7円前後です。「99円→7円！」。その価値は9割以上下落していることになります。これほどまでに暴落してしまうと、多少金利が高くても到底カバーできません。

　南アフリカランドも同様です。トルコリラほどではありませんが、直近20年では、2006年1月の最高値から6割以上下落しています。

● トルコリラ／日本円　過去20年の為替レート推移

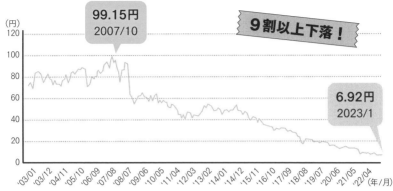

出典：investing.comより作成

▶ 世界の通貨取引額の44％は米ドル

外国資産を
持つなら
まずは
米ドル資産で

資産分散のために外国の資産を持つのであれば、**まずは世界の基軸通貨である米ドルの資産を持ちましょう。世界通貨の取引額の約44％は米ドルです。**次にユーロ（約15％）、そして、3位が日本円（約8％）です（国際通貨研レポート2022年10月）。この3つの通貨で7割弱を占めています。日本人である私たちが円資産以外の外国の資産を持つのであれば、まずは米ドルの資産を持つことです。そして、余裕があればユーロの資産を持つというスタンスでよいでしょう。

まとめ

✔ マイナー通貨は金利は高いが、政治的・経済的に不安定な国の通貨が多く、為替の変動も大きい

✔ 世界の通貨取引額のうち44％は米ドル

✔ 外国の資産を持つなら、まずは米ドルの資産を持つこと

暗号資産は
資産形成には適さない

　暗号資産（仮想通貨）とは、ネット上でやり取りされるお金のことです。しかし、円やドルのように国（中央銀行）によって発行された「法定通貨」ではなく、取引情報が参加者間でネット上で共有され管理する方法が取られています。ビットコインをはじめ、世界には2万以上もの暗号資産があります。

　では、資産形成に暗号資産を入れるべきでしょうか？

　私の答えはノーです。株式など従来の運用資産は、価格がどのように変動するのか、ある程度予測がつきます。しかし、暗号資産はまったく予測がつきません。また、価格変動も大きく、なかには突然資産価値がゼロになってしまうものもあります。資産形成は、リスクをコントロールしながら長期的な視点で行うものです。その価値がいつどうなるかわからないような資産は、資産形成の投資対象にはならないと考えています。

　もしも暗号資産を買うなら、万が一ゼロになったとしても耐えられる金額に抑えるようにしましょう。資産の大半を暗号資産に投資することだけはやめてください。

　暗号資産の詐欺も増えています。海外の業者であっても、日本での登録がなければ勧誘は禁止されています。金融庁のサイトで、必ず登録業者かどうかを確認してくださいね。

投資信託ではどんな
商品に投資できるの？

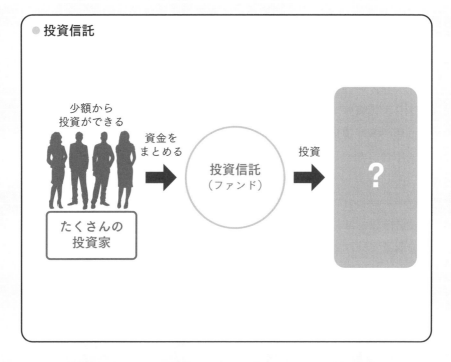

● 投資信託

少額から
投資ができる

資金を
まとめる

投資信託
（ファンド）

投資

？

たくさんの
投資家

投資信託とは、多くの投資家のお金をまとめて大きな資金にし、専門家が運用する商品です。では、投資信託ではどのような商品に投資することができるのでしょうか？　①～③から選んでみましょう。

① 世界中の株式や債券に投資することができる

② 日本国内の商品のみに投資できる

③ 債券には投資できない

答えは次のページへ 👉

① 国内外のさまざまな金融商品に投資できる

投資信託では、債券や株式、不動産、金など世界中のさまざまな商品に投資をすることができます。

▶ 投資信託は少額で国内外に分散投資が可能

投資信託には大きく4つの特徴があります。

①少額から投資ができる

②分散投資が可能

③専門家が運用

④手数料がかかる（158ページ参照）

ここでは①〜③について見ていきましょう。

投資信託とは、投資家のお金をまとめて大きな資金にし、専門家が複数の商品に分けて投資する金融商品です。1つの投資信託のなかに何百、何千もの商品が含まれるパッケージ商品といえます。ファンドとも呼ばれています。

● 投資信託のイメージ図

少額から投資ができる　資金をまとめる　投資信託（ファンド）　投資　海外・国内

たくさんの投資家　専門家が運用　株式 債券 不動産 金 原油など

少額のお金を大きな資金にまとめ、複数の商品に投資

日本株を投資対象とした投資信託を例に見てみましょう。日経平均株価（日経平均）という、日本の株式市場全体の動きを表す株価指数があ

ります。この日経平均の値動きに連動する投資信託（日経平均連動型投信）に1万円を投資したとします。そうすると、この1万円のなかには225銘柄すべてが含まれることになります。255銘柄それぞれに数円〜数百円を投資しているのと同じになるのです。**少額でも、1つの投資信託を購入するだけで、多くの銘柄に分散投資ができてしまう、それが投資信託の大きな特徴**です。分散投資ができるという面からも、資産形成に適した商品といえます。

● 投資信託のイメージ

日経平均連動型投信に1万円投資すると…

株式銘柄	1万円当たりの投資金額
ファーストリテイリング	982円
ソフトバンクグループ	461円
ソニーグループ	145円
トヨタ自動車	118円
⋮	⋮

225銘柄に数円〜数百円ずつ投資しているのと同じ

合計
1万円

投資信託の組成には、投資信託を運用するファンドマネージャーをはじめ、多くの専門家が携わります。投資対象も、**株式や債券、不動産、金、銀、原油などさまざまなものがあり、国内外の商品が交じったもの、株や債券など異なる資産が交じったものなど、多種多様な商品が作られています。**

▶ 投資信託の運営には3社が関係する

投資信託の運営には3つの会社が関係してきます。

- 運用会社（○○アセットマネジメントという名前の会社が多い）
  ➡投資信託を作り、運用の指示をする会社
- 管理会社（信託銀行など）
  ➡投資家のお金を管理し、運用会社の指示に従い運用を行う会社
- 販売会社（証券会社や銀行など）
  ➡投資信託を販売する会社

● 投資信託の運営イメージ

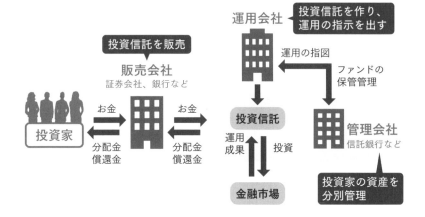

　運用会社は、何にどのように投資するのかを考えて投資信託を作り、管理会社に運用の指示を出します。管理会社（信託銀行など）は、投資家のお金を管理し、運用会社の指示に従い資産の運用・管理を行います。そして、投資信託の販売窓口となるのが販売会社（証券会社・銀行など）です。私たちは販売会社を通じて、投資信託を購入します。

　では、これら3社が万が一破綻したら、私たちの資産はどうなるのでしょうか？　大丈夫です。投資家の資産は、**資産を管理する管理会社自身の資産とは分別管理**されており、万が一の時でも守られる体制が取られているのです。

まとめ

✔ 投資信託とは、専門家が運用するパッケージ化された金融商品のこと
✔ 投資信託では国内外の株や債券、不動産、金などの商品に投資が可能
✔ 投資信託は少額から分散投資が可能
✔ 投資家の資産は、管理会社自身の資産とは分別管理されている

Question **25**

市場平均を上回る
アクティブファンドはどれくらい？

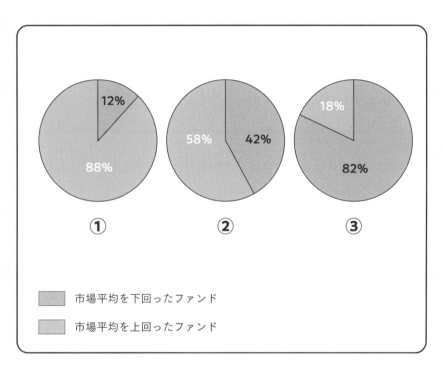

① ② ③

　市場平均を下回ったファンド

　市場平均を上回ったファンド

日本株に投資をするアクティブファンドで10年間投資した場合、何％のファンドが市場平均を上回るのでしょうか？　①〜③から正しいと思うものを選んでみましょう。

① 88％が市場平均を上回る
② 58％が市場平均を上回る
③ 18％が市場平均を上回る

答えは次のページへ 👉

③ 市場平均を上回るのは18％です

日本株に投資をするアクティブファンドに10年間投資をし、市場平均を上回ることができたのは、たったの18％です。

▶ パッシブファンドの市場シェアは26％

　投資信託は**投資戦略**により、アクティブファンドとパッシブファンド**に分かれます**。では、それぞれの特徴を見てみましょう。

アクティブファンド
- 市場平均（インデックス）を上回ることを目的として作られた投資信託
- 銘柄選択はファンドマネージャーの手腕にかかっている
- 手数料が高め

パッシブファンド（インデックスファンドともいう）
- 市場平均に連動して価格が動くように作られた投資信託
- 商品内容がわかりやすい
- 手数料が安め

　アクティブファンドは「攻めのファンド」、パッシブファンドは「平均点を目指すファンド」と捉えればよいでしょう。

> [インデックス（市場指数）]
> 市場全体の動きを表す指標。日本の株式市場を表すインデックスとしては日経平均株価やTOPIX（東証株価指数）などがある。

Point

　アクティブファンドは、銘柄選定がとても重要です。市場平均を上回ることを目的としているので、組み入れる銘柄も市場平均以上のリターンを出すものでなければなりません。そのためどうしても人件費、調査費用がかかり、手数料も高くなります。

　純資産総額で見ると、パッシブファンドは徐々に増えてきているものの、いまだ26％（2022年）。投資額でもファンド数でも、アクティブファンドは依然として高いシェアを占めています。

● アクティブファンドとパッシブファンドの推移

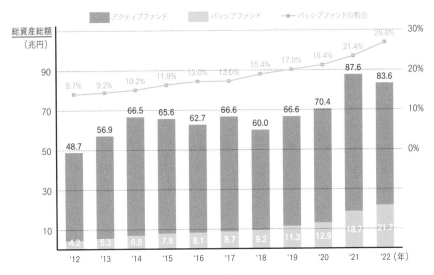

出典： 『投資信託の主要統計2022』（投資信託協会）

[純資産総額]
投資信託の総額のことで、投資信託の規模を表す。投資信託を購入する人が増え資金が流入すれば純資産総額は増え、解約により資金が流出すれば減る。また、組み入れられている資産の価格変動によっても変化する。

▶ アクティブファンドが市場平均に勝つ確率は2割を切る

では実際に、市場平均を上回るアクティブファンドはどのくらいあるのでしょうか?

以下の表は、アクティブファンドが市場平均を上回った割合を示しています。日本の大型株ファンドでは、投資期間1年だと35%ですが、10年だと18%に大きく減少。米国株式ファンドでは10年で17%。新興国株式ファンドにおいては、10年でなんと1%という結果です。

やはり、**長期的に市場平均を上回るということは、至難の業**であるということがわかります。

● **アクティブファンドが市場平均を上回った割合** (絶対リターン・ベース)

投資信託の種類	投資期間		
	1年	5年	10年
日本の大型株ファンド	35%	31%	18%
米国株式ファンド	20%	16%	17%
全世界株式ファンド	11%	23%	6%
新興国株式ファンド	31%	6%	1%

出典:『SPIVA®日本スコアカード2021』(S&Pダウ・ジョーンズ・インデックス)より作成

▶ テーマ型ファンドは長期投資には向かない

　テーマ型ファンドとは、その時の旬なテーマで組成するアクティブファンドのことです。例えば、AIが話題になれば「AI関連ファンド」、自動運転が話題になれば「自動運転関連ファンド」、再生可能エネルギーが話題になれば「再生可能エネルギー関連ファンド」などなど……。

　そのときどきに話題になっているテーマなので、「これから伸びそう」と思えるかもしれません。でも待ってください。
　「これから伸びそう」と将来の相場を予測して投資する投資を何といいましたか？　そう、「趣味の投資」です。ということは、これは「資産形成のための投資」ではないということです（趣味の投資、資産形成のための投資については65ページ参照）。

　一般的にテーマ型ファンドは、そのテーマが話題になってから運用会社がファンドを組成します。金融商品として販売されるまでには少し時間がかかるわけです。ということは、いざあなたが投資をしようと思って購入する時には、旬のピークであることが多く、購入後しばらくするとピークが過ぎ去り、価格が下落していく……ということがよく起こります。

　テーマ型ファンドは「資産形成のための投資」ではない、ということは覚えておいてください。

▶ パッシブをメインに、アクティブはアクセントに

　資産形成ではパッシブファンドをメインとし、アクティブファンドは、**アクセント的に投資をしてみては**いかがでしょうか？　パッシブをお勧めする理由は、「パフォーマンスの面で、アクティブがパッシブを長期的に上回る確率はとても低い」からです。アクティブが長期的に市場平均に勝つ確率は2割を切っています。

　現在私たちが購入できる投資信託は、約6,000本。そのうち8割がアクティブ、2割がパッシブです。4,000～5,000本もあるアクティブファンドの中から長期的にパッシブを上回るファンドを見付けるのは、とても大変です。

　もちろん、現時点で高いリターンを出しているアクティブファンドもあります。**アクティブに投資をするなら、少なくとも過去3年（できれば5年）以上のデータを確認し、市場平均を上回っているかどうかを確認して、商品を選ぶようにしましょう。**

　「自分は高いリターンを出せるアクティブファンドを見付けられる、やりたい」と思うのであれば、アクティブファンドを「趣味の投資」としてやってみるとよいでしょう。「自分には無理」と思うのであれば、パッシブファンドのみでよいと思います。

まとめ

- ✔ アクティブファンドとは市場平均を上回る目的で作られた投資信託
- ✔ パッシブファンドとは市場平均に連動するように作られた投資信託
- ✔ アクティブファンドが長期的に市場平均に勝つ確率は2割を切る
- ✔ テーマ型ファンドは資産形成には向かない
- ✔ 資産形成では、パッシブファンドをメイン、アクティブファンドはアクセントに

Question 26
投資信託の手数料、運用益にどのくらい影響するの？

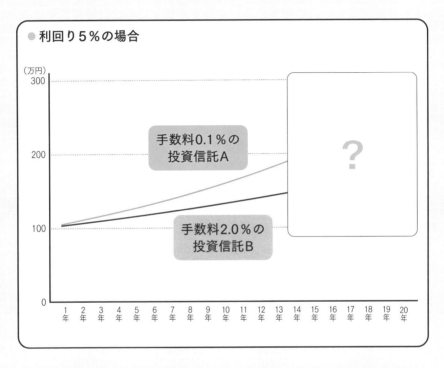

● 利回り5％の場合

（万円）
300

200

手数料0.1％の
投資信託A

?

100

手数料2.0％の
投資信託B

0

1年 2年 3年 4年 5年 6年 7年 8年 9年 10年 11年 12年 13年 14年 15年 16年 17年 18年 19年 20年

2つの投資信託をそれぞれ100万円ずつ購入。Aは保有時の手数料が0.1％、Bは2.0％です。運用利回りが年5％とすると、20年後の運用益の差はいくらでしょうか？　❶〜❸から選んでみましょう。

❶ 60万円

❷ 80万円

❸ 100万円

答えは次のページへ 👉

② 20年後は80万円の差に

投資信託の保有時の手数料がAは0.1％、Bは2.0％の場合、
20年後の運用益には80万円の差が生まれます。

▶ 投資信託には3つの手数料がかかる

　投資信託は、専門家が世界中のさまざまな金融商品に投資をしてくれます。ただし、銘柄選択や資産管理などをお任せしているため、手数料がかかります。投資信託の手数料には、おもに以下の3つがあります。

手数料の種類	いつかかるの？	どのくらいかかるの？
購入時手数料	購入時に1回のみかかる	・0～3％程度 ・同じ商品でも販売会社により異なる
運用管理費用（信託報酬）	運用中ずっとかかる	・0.1～3%程度 ・パッシブファンドよりアクティブファンドのほうが高い
信託財産留保額	解約時に1回かかる	・0～1%程度 ・商品解約時の費用を本人が負担する場合にかかる

▶ 購入時手数料がかかる商品を、頻繁に売買しない

　購入時手数料は、同じ商品でも、販売会社によって異なります。また、店頭や電話での購入のほうが、インターネットでの購入よりも高くなります。購入時手数料は、商品を購入する時の手間賃なので、人を介するとそれだけ高くなると覚えておきましょう。

　もちろん、購入時に3％も手数料を差し引かれてはマイナススタートになります。100万円を投資したら、3万円の手数料が差し引かれ、投

資元本は97万円のスタートです。ただし一度きりなので、長期運用の場合はその影響は徐々に小さくなっていきます。**一番やってはいけない**

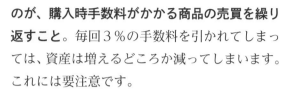

手数料は
商品選びの
重要ポイント

のが、購入時手数料がかかる商品の売買を繰り返すこと。毎回3％の手数料を引かれてしまっては、資産は増えるどころか減ってしまいます。これには要注意です。

ノーロードと呼ばれる購入時手数料がかからない投資信託もあります。手数料を抑えたいなら、ノーロードの商品を選ぶとよいでしょう。

▶ 運用管理費用は、運用リターンに大きく影響する

　資産形成をするうえで最も注意すべき手数料は、運用管理費用（信託報酬）です。運用管理費用は、投資信託を持っている間ずっとかかる費用です。20年間持ち続ければ、20年間毎日少しずつ資産から差し引かれていきます。

　157ページのクイズのように、運用利回りが同じ5％と仮定し、運用管理費用が0.1％と2.0％の投資信託に100万円ずつ投資した場合、20年間の手数料はそれぞれ5万円と85万円。その差はなんと80万円！0.1％と2％のことなので、一見小さな違いに感じてしまいますが、長期間で見ると、運用益に大きな影響を与えます。

　アクティブファンドのほうが、パッシブファンドよりも運用管理費用は高くなります。アクティブファンドの運用管理費用は2％前後のものも多く、パッシブファンドは1％を切るものが一般的です。また、**比較する場合には、日本株ファンド同士、米国株ファンド同士のように、投資対象が同じもの同士で比較する**ようにしましょう。

もちろん、「手数料だけで商品を選んでください」といっているわけではありません。商品選びで重要なのは、手数料がパフォーマンスに及ぼす影響の大きさを知ること。そして、手数料の高いアクティブファンドを選ぶのであれば、長期的に手数料を上回るパフォーマンスを実現しているファンドを選ぶことが大切です。

● 100万円を一括投資し運用利回り5%で20年間運用した場合

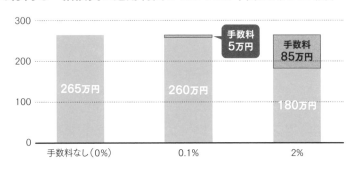

▶ 信託財産留保額は、気にしなくても大丈夫

信託財産留保額は、誰かの利益になる手数料ではありません。

投資信託を途中で解約（売却）する場合は、一定の費用が発生します。その費用を解約する本人が負担する場合が、信託財産留保額があるケース。保有している人みんなで負担する場合が、信託財産留保額がないケースです。ただし、解約時に1回かかるだけで、コストも0～1％なのでそれほど大きな差が付くわけではありません。

まとめ

✔ 投資信託にはおもに3つの手数料がある
✔ 購入時手数料は、同じ商品でも販売会社により異なる
✔ 購入時手数料がかかる投資信託は、頻繁に売買しない
✔ 最も気を付けるべき手数料は、運用管理費用
✔ 運用管理費用は、投資対象が同じもの同士で比較する

^{Question} **27**

毎月分配型は資産形成に向いてるの？

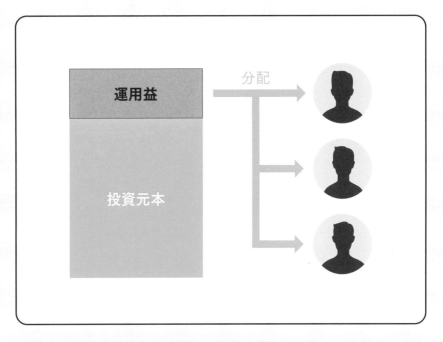

分配金とは、投資信託の運用益の一部を投資家に分配するものです。では、毎月分配金が出る商品（毎月分配型）と、分配金が出ない商品とでは、どちらがより資産形成に適しているのでしょうか？　①②から選んでみましょう。

① 毎月分配金が出る投資信託

② 分配金が出ない投資信託

答えは次のページへ ☞

② 分配金なしのほうが適している

分配金が出るということは、利益が吐き出されるということ。
つまり、複利効果が失われてしまうことになります。

▶ 複利効果を得たいなら、分配金は出ないほうがよい

投資信託の分配金とは、運用によって得た利益を投資家（投資信託を
保有している人）に分配するお金のことをいいます。分配金が支払われ
るタイミングは、投資信託により異なり、年に1回、半年に1回、毎月、
などさまざまです。また、分配金が出ないタイプもあります。

預貯金の利息のように、利益の一部を分配金として受け取ることはう
れしいかもしれません。しかし、現役世代の資産形成は資産を増やして
いく段階です。利益を受け取ってしまっては、複利効果（49～52ペー
ジ参照）が失われ、資産が増えるスピードを遅らせてしまうことになり
ます。

複利効果で資産を効率的に増やしたいなら、**分配金が出ないタイプ**を
選びましょう。そして、もしも**分配金が出るタイプに投資する場合には、
分配金を再投資**しましょう。通常、投資信託を購入する時に「分配金を
どうしますか？」と聞かれるはずです。その時に、「再投資」と設定し
ておきましょう。

▶ 普通分配金と特別分配金

厳密には、**分配金には2種類**あります。利益から支払われる**普通分配
金**と、元本を取り崩して支払われる**特別分配金（元本払戻金ともいう）**
です。普通分配金には税金がかかり、特別分配金には税金がかかりません。

投資信託は運用商品なので、利益が出ている時もあれば、出ていない時もあります。

　また、購入時の価格により、同じ<u>基準価額</u>でも、プラスの利益が出ている人もいれば、元本割れしている人もいます。投資家の購入のタイミングにより、普通分配金なのか、特別分配金なのかは異なるのです。

現役世代は
毎月分配型を
選ばないこと

　分配回数が多いと、特別分配金を受け取る確率も高くなります。特別分配金を受け取ると、投資元本が払い戻されてしまいます。投資元本が減ると、投資規模が小さくなるため、得られる利益はますます少なくなります。そもそも、現役世代は積立投資が前提です。一方で積み立てながら、一方で投資元本を取り崩していくのはおかしな話ですよね。商品を選ぶ時には、分配金が出ない、または分配回数の少ないタイプの投資信託を選ぶようにしましょう。

Point

［基準価額］
投資信託の値段（時価）のこと。通常、1万口あたりの価格を表す。

分配金について、具体的に例で見てみましょう。

● **Aさんの場合**

　Aさんは9,500円で投資信託を購入しました。基準価額が1万1,000円まで値上がりした時に、1,000円の分配金が支払われました。Aさんにとって、この分配金はすべて利益からの分配、つまり、普通分配金となります。分配金が支払われた後の基準価額は、1万円となります（1万1,000円－1,000円＝1万円）。

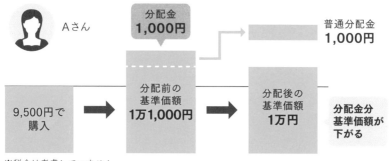

※税金は考慮していません。

● Bさんの例

　Bさんは1万500円で投資信託を購入しました。基準価額が1万1,000円まで値上がりした時に、1,000円の分配金が支払われました。Bさんにとって、分配金のうち500円が普通分配金、500円が特別分配金となります。分配金が支払われた後の基準価額は、1万円となります。また、Bさんの場合、特別分配金分、投資元本も減少します。

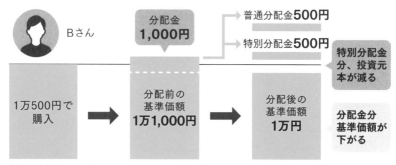

※税金は考慮していません。

まとめ

✔ 分配金とは、投資信託の運用益の一部を投資家に分配するお金のこと
✔ 普通分配金とは、運用益から分配される分配金のこと
✔ 特別分配金（元本払戻金）とは投資元本から払い戻される分配金のこと
✔ 複利効果を得るなら、分配金が出ない商品のほうがよい
✔ 分配金が出た場合は、分配金を再投資する

運用益の手取りはいくら？

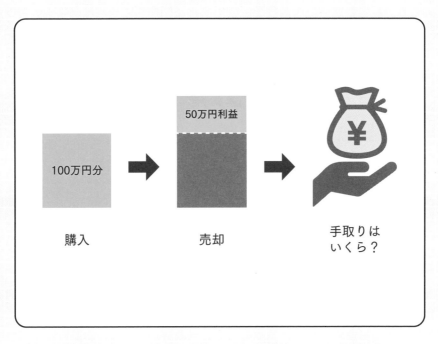

課税口座で投資信託を100万円分購入し、5年後に150万円で売却しました。手取りはいくらでしょうか？　①〜③から正しいと思うものを選んでみましょう。

※復興特別所得税は考慮していません。

① 140万円
② 145万円
③ 150万円

答えは次のページへ

Answer **28**

① 税引き後の資産は140万円になります

個人が株や債券、投資信託などを購入して利益が出た場合、約20％の税金がかかります。（※復興特別所得税は考慮していません）

▶ **運用益には約20％の税金がかかる**

　個人で株や債券、投資信託などを購入し、利益が出た場合には、約20％（所得税15％、住民税5％など）の税金がかかります。運用益には、安く買って高く売れた時の売却益の他、投資信託の普通分配金、株式の配当、債券や預貯金の利息などがあります。原則、これらの運用益には約20％の税金がかかります。165ページのクイズのように、50万円の売却益が出たら、「50万円×20％＝10万円」、約10万円の税金が発生します。

▶ **特定口座（源泉徴収あり）なら確定申告は不要**

　証券口座には大きく分けて課税口座と非課税口座があります。
　証券口座の全体像は下記のようになります。まず本項では課税口座から見ていきましょう（非課税口座については次項以降で説明します）。

● 証券口座全体のイメージ図

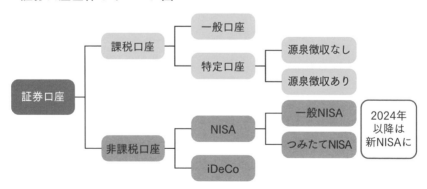

[復興特別所得税]
東日本大震災の復興のために設定された税金で、2037年末まで課税予定。
税率は「所得税額（15％）×2.1％」。よって厳密には、運用益に対する税
率は20.315％となる。

　まず、株式や投資信託などの証券取引をするには、課税口座を開設し
ます。
　課税口座は、次の3種類から選択します。

● **課税口座（証券口座）の種類**

口座の種類	内容	納税方法
特定口座 （源泉徴収あり）	証券会社が年間の損益を計算、 納税までしてくれる	確定申告は 必要なし
特定口座 （源泉徴収なし）	証券会社が年間の損益を計算、 納税は自分で行う	確定申告が必要
一般口座	年間の損益を自分で計算、 納税は自分で行う	確定申告が必要

　特定口座（源泉徴収あり）を選択すると、その口座内での1年間の損
益を証券会社が計算し、納税までしてくれます。投資家は税控除後の利
益のみを受け取ります。特定口座（源泉徴収なし）の場合は、証券会社
から届く1年間の取引報告書を基に、自分で確定申告を行います。一般
口座の場合は、損益の計算や確定申告をすべて自分で行います。

　では、3つのうちどれを選ぶかですが、自分で確定申告をするのが面
倒であれば、特定口座（源泉徴収あり）をお勧めします。

なお、同じ特定口座内で複数の金融商品を売買し、利益と損失が発生した場合には、損益通算を行ってくれます。しかし、複数の異なる証券会社間の損益通算や、損失の繰越控除をしたい場合は、特定口座（源泉徴収あり）であっても、確定申告を行う必要があります。

[損益通算]
１年間の個々の売買で生じた利益と損失を相殺し、最終的な損益を計算すること。

[損失の繰越控除]
損益通算をして損失分を利益から控除しきれない場合は、確定申告をすることにより、翌年以降最長３年間損失を繰り越し、翌年以降の利益と相殺することができる。

まとめ

✔ 運用益には約20％の税金がかかる

✔ 課税口座には３種類ある

✔ 特定口座（源泉徴収あり）の場合は、確定申告は不要

✔ 同じ特定口座内では損益通算してくれる

✔ 異なる証券会社間の損益通算、損失の繰越控除には確定申告が必要

NISA制度って
どんなメリットがあるの？

① 利益にかかる
税金がゼロに
なる

② 預けておくだけで
利息がつく

③ 死亡保障が
ついている

NISA制度のメリットには、どのようなものがあるのでしょうか？ ①〜③から正しいものを選んでみましょう。

① 利益にかかる税金がゼロになる

② 預けておくだけで利息がつく

③ 死亡保障がついている

答えは次のページへ 👉

① 運用益に対して税金がかからない制度です

NISAは、運用益に対して税金がかからない制度です。なお、2024年から新NISAがスタートします。

● 2023年末までのNISA制度

	つみたてNISA	一般NISA	ジュニアNISA
利用できる人	18歳以上	18歳以上	18歳未満
非課税期間	20年間	5年間	5年間
年間投資枠	40万円	120万円	80万円
運用できる商品	長期分散積立に適した株式投資信託	上場株式、株式投資信託、ETF、REIT など	上場株式、株式投資信託、ETF、REIT など
売却・払出し	いつでも可能	いつでも可能	2023年末までは、18歳未満の払出し不可
2024年以降の変更点	新NISAに変更。旧NISA内の資産は非課税期間終了まで非課税で運用可能		新規投資は終了。既存口座内の資産は18歳になるまで非課税で運用可能。18歳未満の払出しも可能に。

▶ **NISAは運用益に対して税金がかからない制度**

　NISAの正式名は「少額投資非課税制度」。名前の通り、「少額」の「投資」の運用益が「非課税」になる制度です。資産を運用するのであれば、NISA制度を使わない理由はありません。現行のNISA制度には、成人

が利用できる「つみたてNISA」と「一般NISA」、未成年が利用できる「ジュニアNISA」の3種類があります。なお、**現行のNISA制度は2023年末までとなり、2024年以降は、つみたてNISAと一般NISAは「新NISA」に、そして、ジュニアNISAの新規投資は終了します。**新NISA移行にあたり、2023年中はどうすればいいのか、また、これまでとどこが違うのか、確認していきましょう。

▶資産形成にはつみたてNISAがおススメ

まずは、成人が利用できるNISA制度を見ていきましょう。2023年末までに投資した資産については、非課税期間終了（つみたてNISAは20年、一般NISAは5年）まで、**新NISAとは別枠で非課税運用を続けることができます。**

つみたてNISAと一般NISAは併用できないため、どちらか1つを選択する必要があります。大きな違いは非課税期間と投資枠、そして投資できる商品です。では、どちらがよいかというと……？

資産形成という視点で見ると、つみたてNISAをお勧めします。**つみたてNISAの投資対象商品は、金融庁により長期分散積立に適した商品に限定**されています。つまり、つみたてNISAの対象商品であれば、商品選びで大きな失敗をすることはないということです。また、非課税期間が20年というのも安心です。時間を味方に付け、複利効果を得つつ、世界経済の成長の恩恵を受けやすくなります。

一方、一般NISAのメリットは、株式投資信託以外にも、国内外の個別株、ETF、REITなど、幅広い商品に投資できることです。ただし、これは「趣味の投資」（65ページ参照）ともいえます。

一般NISAでは、今後ロールオーバーをし

て非課税期間を延ばすことができません。5年という限られた期間のなかでの非課税投資となります。

2023年末までは、**「資産形成のための投資」をやりたい方はつみたてNISAを、「趣味の投資」をやりたい方は一般NISAを選択**するといいでしょう。

[ETF]
証券取引所に上場し、国内外の株価指数などに価格が連動する投資信託。個別株同様、リアルタイムの価格で売買できる。日本株ではTOPIX（東証株価指数）や日経平均などに連動するETFがある。

[REIT]
不動産を投資対象とした投資信託のこと。オフィスビル、住居、商業施設、ホテルなどに投資をし、賃料や売買益などを投資家に分配する仕組み。

[ロールオーバー]
一般NISAやジュニアNISAで非課税期間（5年）が終了した際に、保有している金融商品を翌年の新たな非課税投資枠に移管し、非課税投資を継続すること。2024年以降はロールオーバーはできなくなる。

▶ ジュニアNISAは、払出しの制限がなくなる

ジュニアNISAは、18歳未満の人が利用できるNISA制度です。子ども名義で口座を開設しますが、運用は原則、親権者が行います。
ジュニアNISAには「18歳未満は、原則非課税のまま払出せない」などの制限があったため、利用者があまり増えませんでした。その結果、2023年末で新規投資は終了となります。しかし、2024年以降も、ジュニアNISA内の資産は、子どもが**18歳になるまで非課税で運用を続けることができます**。また、**18歳未満であっても、非課税のまま払出しができるようになります**。そして、子どもが18歳になり新NISAを選

択した場合には、NISA口座に資産を移すことができるようになります。

　2024年以降、より使いやすくなるジュニアNISAは、じつは今、ひそかなブームとなっているようです。

▶ 新NISA恒久化、年間360万円の非課税投資が可能に

● 2024年以降の新NISA制度

	つみたて投資枠 併用化	成長投資枠
利用できる人	18歳以上	
非課税期間	無期限	
年間投資枠	120万円	240万円
非課税投資限度額	1,800万円（内、成長投資枠は1,200万円まで） ※買付金額がベースに	
運用できる商品	長期分散積立に適した株式投資信託	上場株式、株式投資信託、ETF、REITなど
売却・払出し	制限なし	
非課税枠の再利用	可能	

※2023年3月時点

　2024年からスタートする新NISAは、とても使いやすくなります。まず、新NISAは制度が一本化され、1つのNISA口座のなかで「つみたて投資枠」と「成長投資枠」の両方が併用できるようになります。さらに制度は恒久化され、投資期間の期限がなくなり、投資額も大幅に拡大。年間の投資枠は360万円となり、そのうちつみたて投資枠は120万円、成長投資枠は240万円となります。生涯、非課税で投資できる

総額は1,800万円とこちらも大幅に拡大。そのうち成長投資枠は1,200万円になります。投資総額は買付時の金額がベースとなり、運用益は含みません。

　新NISAでは、非課税枠の再利用が可能となったのも朗報です。NISA内の資産を一部売却した場合、売却分の枠を利用して、新たな投資ができるようになりました。ライフプランに合わせて、NISA口座内の資産を一部売却したり、リバランスしたりすることも可能となります。

> ［リバランス］
> 相場の変動で資産配分が大きく変化した時に、値上がりした商品を売却し、
> 値下がりした商品を購入することにより、資産配分を修正すること。

　今後は、どこの金融機関で口座を開くかが、より重要になりそうです。現時点において、銀行では個別株やETF、REITなどは扱えません。成長投資枠でそれらの商品に投資したい方は、証券会社で新NISA口座を開設する必要があります。

　また、金額も大きくなり、期間も長くなる分、運用管理費用がパフォーマンスに大きく影響します。**低コストの商品を豊富に扱っているのか、などもきちんと確認する必要**があります。今後は新NISAをどう利用していくのかが、資産形成の重要な鍵になりそうですね。

まとめ

✔ 資産形成の視点からは、つみたてNISAがお勧め

✔ ジュニアNISAは2023年で終了。2024年以降は払出し制限なしに

✔ 2024年から新NISAスタート

✔ 新NISAの年間投資枠は360万円、投資限度額は1,800万円に

✔ 取り扱う商品の種類から、金融機関を慎重に選ぶこと

iDeCoってどんな制度?

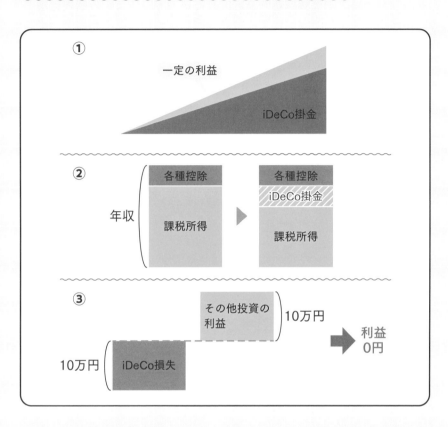

① 一定の利益

iDeCo掛金

② 年収

各種控除

課税所得

▶

各種控除

iDeCo掛金

課税所得

③ その他投資の利益　10万円

利益 0円 ➡

10万円　iDeCo損失

iDeCo（個人型確定拠出年金）は、自分で加入する年金制度の1つです。iDeCoを利用すると、どのようなメリットがあるのでしょうか?　①〜③から正しいと思うものを選んでみましょう。

① 掛金に対して一定の利益を上乗せしてもらえる

② 掛金全額が所得控除でき、節税ができる

③ 損失が出た場合、他の利益と相殺できる

答えは次のページへ 👉

② 1年間の掛金全額を所得控除できます

iDeCoの掛金は全額所得控除することができ、税金を軽減することができます。

▶ 確定拠出年金には企業型と個人型がある

iDeCoの正式名称は「個人型確定拠出年金」。国民年金や厚生年金に上乗せして年金額を増やしたい場合に、自分で加入する年金制度の1つです。

確定拠出年金には、「企業型」と「個人型」があります。企業が企業年金として確定拠出年金制度を取り入れているものが「企業型（企業型DC）」、個人が任意で加入するものが「個人型（iDeCo）」となります。

● 企業型DCとiDeCo

	企業型確定拠出年金 （企業型DC）	個人型確定拠出年金 （iDeCo）
目的	会社の退職金制度	老後に備える資産形成制度
加入できる人	勤務先が導入している場合に加入できる	20歳以上65歳未満※
掛金	会社が拠出	個人が拠出
金融機関	会社が選択	個人が選択
口座管理費用	会社が負担	個人が負担

※60歳以上は国民年金被保険者のみ可能

では、iDeCoについて見ていきましょう。

iDeCoに加入できるのは、20歳以上65歳未満の方で、国民年金、厚生年金の被保険者であれば、ほとんどの方が加入できます。ただし、国民年金保険料の免除・猶予を受けている方や農業者年金加入者、60歳以上で国民年金保険料を支払っていない方などは加入できません。また、勤めている会社に企業型DCがあり、マッチング拠出などの制度がある場合は、どちらかを選択するなど少し複雑になります。会社員の方でよくわからなければ、担当部署に確認してみるとよいでしょう。

会社員の方は
企業型DCの
有無を確認

Point

［マッチング拠出］
企業型DCにおいて会社の拠出金に加えて個人が上乗せして掛金を拠出すること。

▶ iDeCoは、税制面で有利な制度

iDeCoには、税制面で次の3つのメリットがあります。

- 運用益が非課税
- 掛金は全額所得控除され、税金が軽減される
- 受取時は一定の所得控除がある

1つ目は、**運用益が非課税**ということです。これはNISAと同じです。通常、運用益が出ると約20%の税金が差し引かれますが、それがかからないため、より効率的に資産形成ができます。

またiDeCoでは、商品の途中売買も可能です。保有している商品A
を売却し、商品Bに買い換えるなど、自由に保有商品や積立割合を変更
することができます。

　2つ目は**所得税・住民税を軽減できる**ということです。税金の計算では、
年収から経費と一定の所得控除を差し引き、課税所得（税の対象となる
所得）を計算します。iDeCoの掛金は全額所得から控除できるため、
課税所得が少なくなり、所得税や住民税の節税につながります。

● 税計算の流れ

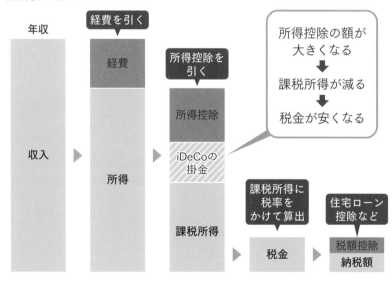

　例えば、年収500万円の会社員の方が上限額の月2.3万（年27.6万円）
をiDeCoで積み立てた場合、1年間の節税額は約5.5万円（iDeCo公
式サイトにて試算）です。どのくらい節税できるのかは、あなたの収入、
家族構成などにより異なります。ネット上には、iDeCo公式サイトの他、
金融機関などが提供するシミュレーションサイトもあります。ぜひ、自
分のケースで試算してみてくださいね。

　そして３つ目は、**受取時の税制優遇**です。iDeCo の給付金を受け取る時には、公的年金や退職金と同様の所得控除を受けることができます。

▶ **60歳まで引き出せない**

　次にiDeCoの注意点を見てみましょう。こちらも主に３つあります。

- 将来の受取額は運用次第
- 60歳まで原則引き出すことができない
- 手数料は自己負担

　まずは、受取額について。確定拠出年金というのは、名前の通り、確定している（決められる）のは拠出金（積み立てる金額）です。**将来の受取額は運用次第**。どの商品で運用するのかにより、将来受け取る金額は大きく変わります。ただ、iDeCo は毎月一定額を積み立てていく長期積立投資。資産形成には適した方法といえます。**受取方法は、一時金、年金形式、併用型などから選択**できます。

● 将来の年金受取額は運用次第

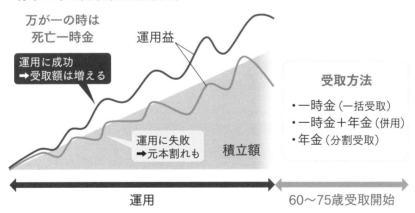

万が一の時は
死亡一時金

運用益

運用に成功
➡受取額は増える

運用に失敗
➡元本割れも

積立額

受取方法

- 一時金（一括受取）
- 一時金＋年金（併用）
- 年金（分割受取）

運用　　　　　　　60〜75歳受取開始

一番注意が必要なのは、**原則60歳まで引き出せない**ということです。途中でお金が必要になっても、引き出すことはできません。

　また、60歳で年金を受け取るには、確定拠出年金への加入期間が10年以上必要です。10年に満たない場合は、年齢が繰り下げられます。

● 確定拠出年金の加入期間と受取開始年齢

加入期間	受取開始年齢	加入期間	受取開始年齢
10年以上	60歳	8年以上10年未満	61歳
6年以上8年未満	62歳	4年以上6年未満	63歳
2年以上4年未満	64歳	1カ月以上2年未満	65歳

※加入期間は、企業型、個人型の加入者期間および運用指図者期間（拠出をせずに運用のみをしていた期間）すべて合算可能

　iDeCoは、「60歳まで引き出せない」という特徴をしっかりと理解し、利用していくことが大切です。

▶ 金融機関を選ぶポイントは、手数料と商品ラインナップ

　iDeCoに加入するには、自分で金融機関を選び、口座を開設し、掛金額を決め、運用商品を決めていかなければいけません。この時のポイントは、**手数料と商品ラインナップ**です。**金融機関により手数料は異なります。また、iDeCoで利用できる金融商品もさまざま**です。
　iDeCoの金融機関の変更は可能ですが、時間も手数料もかかり、とても面倒です。最初にしっかりと検討してから金融機関を決めるようにしましょう。

　確定拠出年金教育協会の「iDeCoナビ」では、金融機関ごとの手数料などを確認することができます。商品ラインナップ、運用管理費用なども確認できるので、金融機関を選ぶ際の参考にしてみてください。

▶ 掛金限度額は自営業6.8万円、会社員は最大2.3万円

　iDeCoの掛金は、月5,000円以上1,000円単位で設定ができます。変更は年に1回のみ可能。働き方や企業年金の有無により、掛金限度額は異なります（下の表を参照）。

　なお、2024年12月以降、企業年金ありの会社員・公務員の掛金限度額は2万円に統一されます。

● 掛金限度額

		月額（上限額）	
		現在	2024年12月以降
自営業		6.8円	
会社員・公務員	企業年金なし	2.3万円	
	企業型DCに加入	2万円	2万円※
	DBと企業DCに加入	1.2万円	
	DBに加入		
	公務員		
専業主婦（夫）		2.3万円	

※「5.5万円−会社掛金」と2万円の少ないほう

[確定拠出年金（DC）]

自ら運用商品を選択し、掛金を運用しながら将来の年金を積み立てていく年金制度。運用結果次第で受取額が変わる。掛金を企業が出す企業型と個人が出す個人型（iDeCo）がある。

[確定給付年金（DB）]

企業年金制度の1つ。将来受け取る給付金があらかじめ約束されており、もしも運用結果が悪ければ企業が損失を負担してくれる制度。従来の企業年金はDBが主流だったが、最近ではDCに移行する企業が多い。

　iDeCoは国が用意してくれた老後のための資産形成制度です。上手に利用しながら資産形成していきたいですね。

まとめ

✔ iDeCoには3つの税制優遇がある
✔ 将来の受取額は運用次第
✔ 原則60歳まで引き出せない
✔ 金融機関の選ぶポイントは、手数料と商品ラインナップ
✔ 掛金は無理のない範囲に設定すること

·COLUMN· 03

期待リターンの高い商品は非課税口座に！

　期待リターンの高い商品は非課税口座に、期待リターンの低い商品は課税口座で保有すると全体のリターンが大きくなります。このように資産の保有場所を最適化することを「アセット・ロケーション」といいます。

　預金（利回り0.1％）と投資信託（利回り5％）を資産配分50％ずつ保有するケースで見てみましょう。
①預金を非課税口座に、投資信託を課税口座に入れる
　→税引き後、全体リターン2.05％
②投資信託を非課税口座に、預金を課税口座に入れる
　→税引き後、全体リターン2.54％

	①預金を非課税口座に、投資信託を課税口座に	②投資信託を非課税口座に、預金を課税口座に
定期預金（利回り0.1%）	0.1%（非課税）	**0.08%**（課税）
投資信託（利回り5%）	4.0%（課税）	**5.0%**（非課税）
税引き後の全体リターン	2.05%	**2.54%**

　②のほうが全体のリターンが大きくなっていますよね。
　非課税口座のiDeCoで定期預金などを運用していませんか？これはとてももったいないことです。預金など期待リターンの低い商品は課税口座で、株式など期待リターンの高い商品を非課税口座で運用しましょう！

非課税制度を活用し、投資信託で分散投資

　4章では、資産形成をしていくうえでの資産配分、商品選び、そして非課税制度について説明してきました。最後に、大事な点についておさらいしていきましょう。

▶5年以上使わないお金を運用資産に！

- 短期・中期・長期の時間軸で、お金を3つのサイフに分ける
- 5年以上使わないお金を運用に回す

　運用額は、あなたの資産額や今後のライフプランなどにより異なります。お金は、短期・中期・長期の時間軸で、3つのサイフに分けて管理していきましょう。必要な分を預貯金などで確保しておけば、もしも相場が下落した時でも、慌てずに回復を待つことができます。資産運用は、資金面、そして気持ちの面で余裕を持って行うことが大切です。

▶少額から分散投資ができる投資信託がおススメ

- 投資信託は少額で資産分散が可能
- 世界のさまざまな商品に投資が可能
- 運用戦略により、アクティブとパッシブに分かれる
- 資産形成ではパッシブをメインに、アクティブをアクセントに
- 手数料は運用管理費用をチェック
- 複利効果を得たいなら、分配金なしのものを

　資産形成をするうえでお勧めなのが、投資信託です。投資信託を利用すると、国内株式、外国株式、国内債券、外国債券、不動産、金や原油

などのコモディティなど、世界中のさまざまな資産に投資をすることができます。少額から資産分散ができるため、リスクをコントロールしながら資産形成をしていくのに最適な商品です。

▶非課税制度を有効活用する

運用するなら、まずは非課税制度を活用していきましょう。NISA は運用益が非課税になる制度、iDeCo は運用益が非課税になり、かつ税制優遇のある制度です。ただし、iDeCoは60歳まで引き出せないため、老後資金のためと割り切って利用する必要があります。

2024 年から始まる新 NISA は、制度が恒久化されます。年間で投資できる上限額は360万円、非課税で投資できる上限額も 1,800万円と、投資枠も大幅に広がります。今後、資産形成においてはメインの制度となっていくでしょう。

資産形成は、ライフプランの面から資産をどうやって積み上げていくのかという視点がとても大切です。まずは先取貯蓄の仕組みをつくり、非課税制度を活用し、長期的な視点で資産分散、時間分散で投資を続けていけば、きっとあなたの資産形成も成功するはずです！

まずは
ライフプラン
から

[復習問題]

1 預貯金と運用資産について、正しいものはどれでしょうか?
   A. ひと月の支出額の6カ月〜1年分は預貯金で確保する
   B. 5年以内に使う予定のあるお金は、外貨預金で運用するとよい
   C. 5年以内に使う予定のあるお金は、分散投資をして増やしていく

2 金融機関やFPについて、正しいものはどれでしょうか?
   A. 銀行は信頼できるので、資産運用の相談窓口には最適
   B. 金融機関は、商品の販売窓口である
   C. 販売手数料が収入源のFPの相談料は、高い傾向にある

3 外貨建て保険について、正しいものはどれでしょうか?
   A. 保険会社と運用会社の2重で費用がかかるためコストが高い
   B. 保険料が外貨で運用されるため、資産分散には適している
   C. いつでも好きな時に解約できるため、流動性がある

4 投資信託について、正しいものはどれでしょうか?
   A. 世界中の株や債券、不動産、金などに投資が可能
   B. アクティブファンドは、リターンが市場平均を上回る
   C. 投資信託の手数料で最も注意すべきは購入時手数料である

5 NISA制度について、正しいものはどれでしょうか?
   A. つみたてNISAでは、個別株にも投資が可能
   B. 新NISAは、年間500万円まで非課税で投資ができる
   C. 新NISAは、積立投資も個別株やETFへの投資も可能

6 iDeCoについて、正しいものはどれでしょうか?
   A. iDeCoの資産は、いつでも引き出すことができる
   B. 将来、一時金や年金形式で受け取る時は、全額非課税になる
   C. 掛金を全額所得控除でき、所得税や住民税を軽減できる

答えは191ページ →

参考文献

大村敬一 著『ファイナンス論　入門から
応用まで』（有斐閣）

藤林宏、袖山則宏、矢野学、角谷大輔 著
『Excelで学ぶファイナンス②証券投資分
析』（金融財政事情研究会）

枇々木規雄 著『126ルール：積立投資の
複利効果を概算する簡単な計算ルール』（日
本FP学会、ニュースレターNo.4）

上野泰成 著『NO.1エコノミストが書いた
世界一わかりやすい為替の本』（かんき出版）

八木仁平 著『世界一やさしい　やりたい
ことの見つけ方』（KADOKAWA）

鈴木さや子 著『資産形成の超正解100』（朝
日新聞出版）

　最後まで読んでいただき、ありがとうございました。本書は、「資産形成をはじめたいけど、始めるのが不安。よくわからない」という方のために書きました。ギャンブルのような当たるか外れるかの運用ではなく、「資産形成のための運用」について知っていただき、その第一歩を踏み出していただくきっかけになれば、うれしく思います。

　日本について、悲観的なことをいう人はたくさんいます。しかし、私は日本にも希望があると思っています。とくに資産形成においては、2024年スタートの新NISAを含め、資産形成の制度はかなり整ってきています。ネット証券も使いやすくなり、低コストで世界中の資産にアクセスすることができるようになっています。

　また、日本のインフレ率は世界と比較すると、まだ低い状態です。逆にいうと、実生活は低インフレのなかで生活をしながら、資産運用では、海外の高い成長を取り入れ、低コストで資産運用を行う……そのような資産形成が日本では可能なのです。

　日本の個人の金融資産は、2000兆円を超えました。しかし、そのうち半分、つまり1000兆円超は預貯金にとどまっています。日本証券業協会の2021年度調査では、有価証券保有率はたったの2割弱です。

　これからの時代は、労働収入と財産収入をダブルで得て資産全体を増やしていく、そんな考え方も必要です。資産分散、時間分散はすべての人に適した運用方法です。やり方さえ間違えなければ、皆が成功できる方法なのです。

そして、しっかりと資産形成をし、みんなで豊かになっていきましょう。そうすれば、日本の経済・社会も、きっとよい方向に向かっていくはずです。資産に余裕が出てくれば、前向きな気持ちになれます。子どもたち、孫たちの時代まで、日本が輝きを失わないためにも、今、私たち一人ひとりが、できることから始めていくことが大切ではないでしょうか?

資産管理ができていない方は、まずは資産の見える化から始めましょう。先取貯蓄の仕組みを持っていない方は、まずは先取貯蓄の仕組みを作りましょう。1つ前に進むと次の道が見えてきます。あせらず、一歩ずつ進んで行きましょう。

最後に、この本を書くきっかけを作ってくださった越智秀樹さん、PHP研究所の中村悠志さん、そして、レイアウトや構成を一緒に考えてくださったクリエイティブ・スイートの藪内健史さん、遠藤昭徳さん、本当にありがとうございました。皆様のサポートがなければ、本書の出版はできませんでした。また、事例掲載を快く承諾してくださった顧問のお客様にも感謝申し上げます。そして、執筆で部屋にこもり、家事がおろそかになっても、夕食の時間が夜9時を過ぎてしまっても、文句ひとつ言わずにいつも応援してくれる夫、そして、子どもたちにも、この場を借りて感謝したいと思います。いつも、好きなことをさせてくれてありがとう。

必要な方に本書が届くことを願って……。

株式会社エフピーブラッサム　代表取締役
工藤清美

189

さくいん

【復習問題解答】1章 **1**C、**2**B、**3**B、**4**C、**5**C、**6**A　　2章 **1**A、**2**A、**3**C、**4**C、**5**C、**6**A

◆著者略歴

工藤清美（くどう・きよみ）

株式会社エフピーブラッサム代表取締役。WAFP関東（女性FPの会）会長。日本FP学会正会員。ファイナンス稲門会副代表幹事。ファイナンスMBA。CFP®。1級ファイナンシャル・プランニング技能士。早稲田大学大学院ファイナンス研究科（現経営管理研究科）修了。

専業主婦歴約10年、2人の子育てに奮闘後、金融機関勤務を経て独立系FPに。米国でのFP視察で刺激を受け、商品販売に頼らないフィーベースの顧問FPとして、長期的にお客様の資産形成をサポートするFPサービスを展開。同時に、気軽に始められる資産形成のためのオンラインサロン「ファーストステップ」も開催する。日本経済新聞など各種媒体の取材協力の他、企業セミナー講師なども多数務める。2012年には「ドルコスト平均法」に関する論文で、日本FP学会賞を受賞。

これまで1000世帯以上の「お金の悩みや不安」を解消。具体的な資産形成のアドバイスには定評がある。自身の資産も「9年間で8倍」にした実績を持つ。

資産形成サロン・ファーストステップ

資産形成を進めていきたいけど1人では不安という方のために、オンライン・サロンを作りました。ぜひ、QRコードからお問合せください。一緒に資産形成を実現していきましょう。

◆スタッフ

編集協力・DTP	株式会社クリエイティブ・スイート
本文デザイン・図版制作	大槻亜衣（c-sweet）
本文・カバーイラスト	辻野清和
装丁	一瀬錠二（Art of NOISE）
企画協力	越智秀樹（OCHI企画）
編集担当	中村悠志（株式会社PHP研究所）

解くだけでお金が増える！

世界一面白い！とっておき資産形成トレーニング

2023年5月10日　第1版第1刷発行

著　者		工　藤　清　美
発 行 者		永　田　貴　之
発 行 所		株式会社PHP研究所

東 京 本 部　〒135-8137　江東区豊洲5-6-52
　　　　　　　ビジネス・教養出版部 ☎03-3520-9615（編集）
　　　　　　　普及部　☎03-3520-9630（販売）
京 都 本 部　〒601-8411　京都市南区西九条北ノ内町11

PHP INTERFACE　　https://www.php.co.jp/

印 刷 所
製 本 所　　大日本印刷株式会社